2022.12.12

湖北省教育科学规划2022年度立项课题
乡村振兴背景下高职院校"茶旅文融合"人才培养模式研究部分成果
宜昌桃花岭饭店酒店服务质量提升项目课题资助

乡村振兴战略背景下基层治理案例研究

XIANGCUN ZHENXING ZHANLÜE BEIJINGXIA
JICENG ZHILI ANLI YANJIU

李风雷 ◇ 著

华中科技大学出版社
http://press.hust.edu.cn
中国·武汉

内 容 提 要

乡村基层治理是国家治理的基石,也是乡村振兴的基础。乡村振兴的范畴主要包括社会治安综合治理、脱贫致富、生态环保、美丽乡村建设、民生保障等。本书根据实地调研,选取湖北省宜昌市夷陵区许家冲村、宜都市弭水桥村、五峰县这三个典型案例,从"基层党建引领""发展农旅特色产业""注重乡村教育"三个角度,深入剖析基层治理助力乡村振兴的内在逻辑及行动路径。

图书在版编目(CIP)数据

乡村振兴战略背景下基层治理案例研究/李风雷著. —武汉:华中科技大学出版社,2022.12
ISBN 978-7-5680-8330-0

Ⅰ.①乡⋯ Ⅱ.①李⋯ Ⅲ.①农村-群众自治-研究-中国 Ⅳ.①D638

中国版本图书馆 CIP 数据核字(2022)第 238079 号

乡村振兴战略背景下基层治理案例研究 　　　　　　　　　李风雷　著
Xiangcun Zhenxing Zhanlüe Beijing xia Jiceng Zhili Anli Yanjiu

策划编辑:汪　杭　李　欢
责任编辑:仇雨亭　汪　杭
封面设计:原色设计
责任校对:谢　源
责任监印:徐　露

出版发行:华中科技大学出版社(中国·武汉)　　电话:(027)81321913
　　　　　武汉市东湖新技术开发区华工科技园　　邮编:430223
录　　排:华中科技大学惠友文印中心
印　　刷:武汉邮科印务有限公司
开　　本:710mm×1000mm　1/16
印　　张:11.5
字　　数:210 千字
版　　次:2022 年 12 月第 1 版第 1 次印刷
定　　价:69.80 元

本书若有印装质量问题,请向出版社营销中心调换
全国免费服务热线:400-6679-118　竭诚为您服务
版权所有　侵权必究

前言 FOREWORD

乡村振兴战略坚持农业农村优先发展，目标是按照产业兴旺、生态宜居、乡风文明、治理有效、生活富裕的总要求，建立健全城乡融合发展体制机制和政策体系，加快推进农业农村现代化。

乡村振兴战略是中国经济社会发展方式一次大的转变。这一战略转变至少包括两个方面：一是建立健全城乡融合发展的体制机制和政策体系，真正实现城乡社会经济结构从二元走向一元。20 世纪 90 年代开始，中央政府对农业实行多予、少取、放活的战略，此后又分别实行了以工补农的城乡统筹发展战略和以工促农、以城促乡的城乡一体化发展战略，城乡居民之间在收入水平、公共服务上的差别缩小。二是调整城市化发展战略，从过去重视大城市发展到促进大中小城市体系建设。这样既可以减缓大城市病和大城市生态资源紧张、减轻社会负担，又可以使城乡之间和区域之间发展更加均衡。

从某种意义上来说，乡村能否振兴直接关系到我国现代化建设的进程。作为一名地方高校的教育工作者，有责任从基层治理的视角进行调研，从而找到促进乡村振兴的神奇钥匙。这就是笔者写作此书的初衷。

第一次与许家冲村结缘，是 2018 年习近平总书记来视察以后的第四天，笔者时任三峡职院机关一支部书记，带领支部党员来到许家冲村开展支部主题党日活动，我们重走总书记视察路线，听村支部望作战书记介绍许家冲村的基本情况，领会总书记视察过程中的指示精神，大家饶有兴致地体验棒槌洗衣的乐趣。第二次来到许家冲村，是因为村支部副书记朱崇军于 2020 年 9 月成了旅游与教育学院"一村多名大学生计划"的学生,受他邀请和崔晋华副院长以及基础课部陈泽新老师一起在许家冲村开展较长时间的深入调研,深刻体会到了在乡村振兴的征途中党建引领的重要性,并以此为素材写出了2篇调研报告。第三次来到许家冲村,是笔者邀请长江学者、吉林大学行政学院院长张贤明教授以及他的同事张力伟博士来此进行考察分析,并共同完成一篇论文《党建引领乡村治理共同体的责任政治逻辑——基于"许家冲经验"的分析》,发表于《学习与探索》2022年第3期,被CSSCI收录。

在听闻弭水桥村之前,笔者听很多朋友提到过九凤谷景区,后来得知九凤谷山脚下就是弭水桥村,便对这个村有了一些印象。真正身临其境也是因为"一村多名大学生计划"学生李云菲,她是弭水桥村村委班子成员。2021年春天,我们部分老师和李云菲班上同学一起到弭水桥村开展主题党日活动,请村书记刘大卫给我们介绍村里情况。这个书记可真不简单,他结合实际工作,侃侃而谈,条理清楚,形象生动,他有自己的工作法,被宜都市委组织部命名为"刘大卫工作法",给在场的老师和学员留下了深刻印象。弭水桥村支部被命名为"磁铁支部",意思是能够凝聚老百姓的党支部。后来,因为机缘巧合,笔者又结识了当初和刘大卫携手开发九凤谷的裴道兵董事长,亲自向他们求证当年为了开发九凤谷修筑彩色旅游公路老百姓占地不取分文的报道是真实可信的。

五峰土家族自治县在笔者的印象中是一个有着秀美风景的地方,人杰地灵,民风淳朴。2022年1月16日,湖北三峡职业技术学院茶旅学院在五峰挂牌,由五峰县政府王进副县长任院长、笔者和柳祝勇校长任副院长,利用三峡职院茶艺与茶文化专业和旅游管理人才培养的优势,以及主持中华茶文化传承与创新国家教学资源库的平台为五峰地方经济发展服务。尤其是上海四季教育集团、武汉学知国际旅行社和五峰县政府共同成立五峰劳动耕读大学堂,计划每年从武汉市引进10万名中小学生来五峰开展研学旅行,需要我们培养大量的研学导师,合作空间巨大。

  本书立足宜昌本地,选取了三个有代表性的案例,对基层治理如何促进乡村振兴进行了一定的调研分析,提出了部分可资借鉴的经验。但由于笔者水平有限,挖掘提炼不够,敬请同仁批评指正!

  在写作本书过程中,作者参考了三地的基础资料,得到了地方领导和各位朋友的大力支持。他们是五峰县教育局唐少华局长、陈鑫淼副局长;五峰职教中心柳祝勇校长、邹时红副校长;五峰劳动耕读大学堂有限公司刘时银经理;夷陵区许家冲村党支部朱崇军副书记;宜都市弭水桥村党支部刘大卫书记、李云菲委员、三峡旅游集团九凤谷景区副总经理裴道兵。在此一并表示感谢!

李风雷

2022 年 8 月 17 日

目录 CONTENTS

上篇　寻找三峡大坝"坝头库首第一村"的红色密码

第一章　走进宜昌市夷陵区许家冲村　2

第二章　健全党组织领导的自治、法治、德治相结合的乡村基层治理体系　8

第三章　城镇化视域下"一核多元　融入重构"模式探索　19

第四章　党建引领塑造乡村治理共同体的责任政治逻辑　30

第五章　做强村集体经济的法宝　44

中篇　弭水桥村"磁铁支部"是怎样炼成的

第六章　认识丑溪湾里的"金凤凰"——宜都市弭水桥村　50

第七章　解读磁铁支部的构造密码　57

第八章　"刘大卫工作法"的神奇之处　64

第九章　"廉"风习习润丑溪——弭水桥村清廉村居典型事迹材料　86

第十章　做强农旅产业，促进农民增收——九凤谷旅游创始人裴道兵事迹　90

第十一章　成功开发 4A 级景区——九凤谷　95

下篇　五峰土家族自治县"一茶两中四园"战略秘籍

第十二章　五峰土家族自治县坚持教育为乡村振兴服务　100

第十三章　乡村振兴人才培养优质校名至实归——五峰土家族自治县乡村振兴人才培养优质校自荐材料　125

第十四章　加强产业技能人才培养服务"一茶两中四园"战略　136

第十五章　湖北三峡职业技术学院主持建设"中华茶文化传承与创新"国家级专业教育资源库　141

第十六章　建设耕读教育大学堂　促进城乡融合大发展　168

上 篇

寻找三峡大坝"坝头库首第一村"的红色密码

以基层党建为引领 凝聚乡村治理共识

第一章 走进宜昌市夷陵区许家冲村

第一次走进许家冲村是在习近平总书记视察许家冲村后的第四天。2018年4月28日,湖北三峡职业技术学院机关党委第一支部全体党员前往宜昌市夷陵区太平溪镇许家冲村开展4月份"主题党日活动"。全体党员乘车来到许家冲村参观走访,学习基层党建工作经验,受到该村村委会工作人员的热情接待。在许家冲村党支部书记望作战的引导下,参观了位于村委会附近的污水处理厂、便民洗衣池、村民文体活动中心、党员群众服务中心、电商服务中心、茶苗育种基地;通过观看展牌、宣传片、与村民交流等形式详细了解该村基层党建工作情况,并与村委会工作人员就开展职业农民培训进行了交流。在许家冲村村委会会议室,机关第一党支部全体党员重温入党誓词、学习新党章相关章节,并结合学习参观经历畅谈心得体会(图1-1)。

图1-1 走进许家冲

站在许家冲村村委会前的观景台,放眼南望,三峡坝区坛子岭下江水滔滔,巍巍大坝、高峡平湖近在咫尺(图1-2)。被誉为"坝头库首第一村"的许家冲村,面积6.87平方千米,全村607户1448人,其中三峡工程坝区移民、三峡水库库区移民占90%。2019年,全村经济总收入8900万元,村民人均可支配收入19650元。20多年来,村民们弘扬三峡移民精神,克难奋进、破浪前行,把许家冲村建设成了一个富美宜居新家园,闯出了一条三峡移民的小康之路。

图1-2 许家冲村观景台远眺

位于三峡大坝北岸的许家冲村,由原许家冲村、西湾村、覃家沱村合并而成。搬迁之初,由于土地等生产要素缺失、生产生活经济来源不稳定,村里矛盾纠纷突出。让大家尽快相识、相知,让合村变成合心,是村两委班子的工作重心。"(我们)搭建村民相互融合的平台,吸引移民们主动开展文化活动,主动结交新朋友,融入移民大家庭。"2005年成为移民新村许家冲村第一任村支部书记的李文洪,对于"跳广场舞,跳出和谐"记忆犹新。当初,为了让村民了解广场舞,村里专门把一些村民拉到城里,让他们自己去感受。文化员定时调试音响,干部们轮流值班,为跳广场舞的村民烧水泡茶,一天要泡一两斤茶叶。李文洪说,村民们走出家门,远离牌桌,来到广场上跳舞谈心,彼此矛盾少了,村干部又能插空宣传新政策,一举多得。以跳舞为起点,推动乡村文化活动多元化,提振许家冲村村民精气神的路子由此铺开。如今,许家冲村逢节日必有活动,交谊舞、腰鼓舞、地花鼓、采莲船、龙灯、舞狮等精彩纷呈。唱歌、健身运动会、送戏下乡等多姿多彩的文体活动,让村民们的精神生活丰富了起来,干事创业的劲头足了起来。2012年,村民谢蓉组织一起跳广场舞的姐妹们成立了宜昌绣女工艺品专业合作社。

村民们下了渔船,丢了锄把,如何生活?"任职一届,就要稳定一村、致富一村。"李文洪带领村民,复垦一批土地,发展一批产业,千方百计寻找美好生活的出路。2005年到2007年,许家冲村兑付还清了银行贷款、单位借款、老百姓欠款200余万元。如今,早已退休的李文洪,又担任许家冲村企业联合党支部副书记,继续发光发热。

许家冲村作为移民村,土地面积小,每家平均下来只有一块菜地。发力三产融合,特别是发展文化旅游服务业,成为许家冲村发展的必由之路。

"在家没有什么事,绣绣十字绣,消磨一下时间。"2013年,"峡江绣女"谢蓉成立了宜昌市沁邑民俗文化产业发展有限公司(简称沁邑公司),用"手绣+艾草"理念发展特色文化手工旅游产品,带动坝区300多名移民妇女灵活就业。"中华鲟"艾草挂件,荣获"湖北礼道"旅游商品创意设计大赛金奖。沁邑公司阿卡手工基地主管高迎艳介绍,手工基地有固定职工58人,以"基地+农户"的形式,带动绣娘灵活就业近百人。职工们在家门口就业,早上8点上班,下午5点下班,不仅可以照顾小孩、老人,每个月还有2500元左右的工资。"2012年至2018年,村里按照黑瓦白墙、飞檐翘角马头墙的峡江风格,改造了300多栋房屋,引导村民发展民宿。2018年8月,村里成立宜昌市圣至星园旅游专业合作社,开始推动民宿评档定级,对达到一定标准的民宿给予奖补。"许家冲村党支部副书记朱崇军说。目前,许家冲村紧抓利用三峡茶谷东大门、宜昌市三峡旅游度假区服务中心等区位优势,大力推动产业转型升级。萧氏茶业集团有限公司穴盘育苗基地领衔的现代化农业、以民宿为代表的旅游服务业、宜昌楚旺农机有限公司牵引的农机制造业,正呈现交叉融合发展态势。

"坝头库首第一村,三峡茶谷东大门。党章党规是根本,明示党员亮身份……"用三峡渔鼓调谱曲的许家冲村《党员公约》,不但上墙、上口,更上心(图1-3)。

许家冲村党支部书记、村委会主任望作战说,过去一些党员习惯"隐身"。《党员公约》亮明党员身份后,增强了党员主动作为的意识。尤其在农村这个熟人社会,公开亮诺践诺对党员的监督更加有效。不只是《党员公约》,许家冲村探索创新了"三约三引"组织工作法:《党员公约》引领全体党员忠心为民、担当有为;《村规民约》引领广大村民同心同德、崇法向善;《共富合约》引领各类组织共建共治、兴业富民。目前,许家冲村建成村级便民服务室,推行一站式、全天候服务,引入电子党务、电子村务、电子服务、电子商务"四务通"和"夷陵一家亲"等新型农村网格化信息管理平台,更新信息3000余条,覆盖面超过98%。因为多年没有发生重大矛盾与案件,许家冲村获得"全国民主法治示范村""全国模范人民调解委员会""湖北省安全社区"等荣誉。村民自我管理、自我提升、自我服务的热情空前高涨,获得感、幸福感、安全感越来越强。"老百姓的小事,我们要当作大事去做。耕田赶耖打田埂,栽秧割谷担草头。在生产和生活中,党员干部都要带个好头。给留守老人换个灯泡、修个水龙头,党员干部费不了什么功夫,但给乡亲们带来的是实

图 1-3 《党员公约》上墙

实在在的方便。"朱崇军说。

第二次走进许家冲村是三年以后,朱崇军成为三峡职院旅游与教育学院的一名在校学生。2018 年湖北省委组织部、省农业农村厅等部门共同印发《湖北省"一村多名大学生计划"实施方案》,面向全省农村选拔培养 1 万名优秀青年农民,接受全日制普通专科学历教育。根据方案,从 2018 年起连续 5 年时间,以湖北省秦巴山、武陵山、大别山、幕阜山四大贫困片区 37 个贫困县(市、区)贫困村为重点,选拔培养 1 万名政治素质好、身体健康、有培养前途的优秀青年农民,接受全日制普通专科学历教育,学习期满考试合格的,颁发普通高等教育专科毕业证书。朱崇军就是这样一名大学生村官。

在朱崇军的邀请下,三峡职院马克思主义学院院长杨子红和我一起带领 10 多位老师再次走进许家冲村,进行了详细调研,这才对许家冲村有了比较全面的认识。同时,对朱崇军在抗疫期间的舍小家顾大家的种种表现有了大致了解。

原来,从正月初一的晚上起,身为夷陵区许家冲村党支部副书记的朱崇军,为了阻击突发新冠肺炎疫情蔓延,为了全村 1448 人的安全,把私家车停在村口值班,白天站在车前执勤,晚上就睡在车里,当起了村里全天候的"守护神"。

首先不答应的是他年仅三岁零两个月的小女儿家宇,因为她早已习惯听着爸爸讲童话故事睡觉了。

妻子郑红芳也坚决反对:"现在气温还这么低,大过年的睡外面,这是什么事嘛。"

朱崇军却用不容商量的语气说:"我们许家冲村是总书记视察过的地方,走的时候还对我们说,看到你们日子过得好,我高兴。现在疫情来了,村民随时都有被感染的危险,生命安全都没有保障了,怎么过得好?让我躲在家里睡大觉,怎么睡得着嘛。"

说完,他抱起两床棉被,扭头就走。小女儿拔腿就跟着跑了出来,边跑边哭喊着"爸爸别走……"那哭声刺痛了这个大男人最柔软的地方,他多想回头抱起可爱的小女儿,擦干她的泪水,可是他知道——疫情防控形势严峻,时间不等人!

其实他的妻女没有看到的是,他的双眼也早已噙满泪水。可作为抗疫的一分子,他别无选择。

新冠肺炎疫情防控工作刚启动,有过抗击 SARS 经验的朱崇军,就隐隐地感到这次情况不一般。他告诫班子成员说:快过年了,我们村的返乡人员多,大家都要重视啊。

他迅速拟定了村里的疫情防控工作清单:成立防控工作专班,宣传疫情防控知识,逐户摸排返乡人员,建立体温监测台账,彻底清理卫生死角……然后就一头扎进了疫情防控工作中。

元月 24 日,太平溪镇疫情防控指挥部按要求启动 I 级应急响应,要求各村从 25 日(正月初一)早上 6 点起,设立道路交通管制服务站。他向镇指挥部表态说,坚决执行到位。

大年初一,整整一天,他都在服务站执勤。因为道路管制措施施行得急,很多村民不清楚,也很不理解,要求通行的人很多,他一边严格执行管制要求,一边耐心地做着宣传解释工作。

一天下来,嗓子都哑了。晚上拖着疲惫的身躯回到家,他躺在床上却怎么都睡不着。"路都封了,要是有人硬闯怎么办?要是村民家里发生了急事怎么办?""不行,我得到现场去守着!"

一天、两天……连续八天,他没有回过近在咫尺的家。洗澡是在村委会值班室解决的,换洗衣服和一日三餐是妻子送的。小女儿也慢慢习惯了在没有爸爸陪伴的情况下睡觉了。

熟悉他的妻子深知,疫情不过去,他也回不去,只能一再叮嘱他照顾好自己。

他说:我不是不想,是不敢。一怕小女儿缠着了走不开,二是在外面待的时间太长,接触的人员也多,现在为家人做不了什么,只能把接触感染的风险降到最低,还有就是我必须把这个口子守住。

正月初六的晚上，从外地返乡后自觉居家隔离的万成芬打来电话："朱书记，我回来后没来得及买生活物资，明天都要断炊啦。"朱崇军心里一紧，心想工作还是有遗漏啊。

他连夜召集两委班子成员到车前开会，马上安排对189名返乡人员生活情况摸底。一大早，朱崇军和班子成员们将米、面、油、蔬菜等物资挨家挨户地送到了有需要的村民家中。

万成芬感激地说："村里真心真意帮我们，回到家，我的心里就有底了，我们一定会按照要求搞好隔离的。"

在朱崇军的感召下，这样的故事在许家冲村还有很多，如：治调主任刘正军驱车百里为村民取药，预备党员周超每天义务杀菌消毒，退役军人周绪华主动申请执勤……

第二章 健全党组织领导的自治、法治、德治相结合的乡村基层治理体系

一、调研概述

(一) 调研背景

乡村治理是国家治理的基石。党的十九届四中全会提出要"健全党组织领导的自治、法治、德治相结合的城乡治理体系"。《中国共产党农村工作条例》和《中国共产党农村基层组织工作条例》从法理的角度阐述了党在乡村治理中的引领作用,明确了党在乡村治理中的领导地位,因此,党建引领乡村治理已经上升为国家战略的重要组成部分。探讨党建引领乡村治理的体制机制、路径和模式,应当遵循从实践中来,到实践中去的规律。在此背景下,总结党建引领乡村治理的实践经验,探索党建引领乡村治理的内在规律,归纳党建引领乡村治理的模式,对乡村振兴具有现实意义。

(二) 调研目的

许家冲村作为宜昌市首个省直机关党员教育基地和全省党建工作示范单位,获得"全国模范人民调解委员会""全国民主法治示范村""全国综合减灾示范村""全国乡村旅游重点村""全国示范农家书屋"五个国家级的荣誉,在党建引领乡村治理的实践层面,无疑走在了全省的前列。调研许家冲村党建引领乡村治理的经验做法,归纳许家冲村党建引领乡村治理的模式,对全省党建引领乡村治理工作无疑具有示范和指导意义。

(三) 调研主题

调研主要围绕基层党组织如何发挥战斗堡垒作用,党员干部怎样发挥示范引领作用,带领群众提高思想觉悟、增强致富本领,共同将一个贫穷落后、矛盾频发的落后村建成如今的"明星村"开展。

(四) 调研方法

访谈法、观察法、文献法。

(五) 调研过程

准备阶段(1月25日—2月5日):前期沟通交流,制订调研计划,确定调研主题;

实施阶段(2月6日—2月20日):实施调研访谈,查阅相关资料,拟定拍摄提纲;

制作阶段(2月21日—2月28日):形成报告初稿,视频拍摄录制;

完善阶段(3月1日—3月12日):修改定稿,按规定格式上报;

推广阶段(3月13日—7月1日):校内和湖北省直机关党员干部许家冲教育基地宣讲。

二、调研内容

(一) 前言

滔滔长江,千古风流;坝头库首,满村锦绣。美丽宁静的许家冲村坐落于长江之畔。自三峡工程移民以来,许家冲人在党的引领下自力更生、艰苦创业,将筚路蓝缕、励志励行的故事镌刻于"奉献、自强、感恩、阳光"的移民精神之中。作为一名"一村多名大学生计划"的大学生和乡村振兴的参与者,我深知肩上担负的责任和使命,也为能成为一名一线乡村振兴的实践者而感到自豪。2021年2月10日至2月28日,我重走这片熟悉的土地,访谈上一届村两委班子成员及创业典型,通过深入思考来挖掘许家冲村"产业强、百姓富、生态美、乡风纯"的精神源头,寻找许家冲村从一个贫穷落后、矛盾频发的移民村发展成为"全国民主法治示范村""全国旅游示范村"的红色密码,从而更好地传承流淌于中国共产党血液中的红色基因。

(二) 抛家舍业,支援三峡工程建设

许家冲村位于举世闻名的三峡大坝左岸,是一个移民新村,区域面积6.87平方公里,辖4个村民小组,607户1448人,三峡坝库区移民占90%。但是很多人都没想到这个被誉为"坝头库首第一村"的明星村庄,也曾有一段不为人知的乡愁故事。

1993年,三峡大坝动工在即,工程急、搬迁急、安置急,当时,搬得出是硬指标。

库区的原许家冲村、西湾村、覃家沱村的村民就这样挑起家什牵着牛,带着不舍离开了祖祖辈辈赖以生存的村庄,迁到了大坝左侧的这片半山腰,组成了新的许家冲村。

陌生的环境、不同的文化背景让村民们一时无法适应,土地等生产资料的缺失、经济来源的不稳定、移民类型的复杂以及补偿安置标准各不相同等,使村里矛盾纠纷突出。一条不起眼的小水沟、一棵小树苗都能引发轩然大波,这对村委会的村干部们是一个严峻的挑战。

有一天,原西湾村村民在建房时不慎挖倒一棵树,树压在原许家冲村村民的田地里,两方村民因此发生冲突,老支书李文洪赶紧上前调解,可还没等他开口,情绪激动的村民就拿起一块石头砸了过来。"当时金星直冒,嘴里血流不止,用手一摸,才意识到少了三颗牙,后来缝了二十几针。"李文洪回忆道,事情仿佛发生在昨天。作为老共产党员、村支部书记的李文洪顾全大局,并没有追究这名肇事村民,连6000多元的医药费也没要一分,而是用实际行动感化他,血和泪换来的是尊重。老支书的举动不仅化解了两家人的矛盾,也让村民学会了感恩。可以说三峡工程的今天,或多或少是移民和村干部们用汗水换来的。

(三)筚路蓝缕,闯出一条致富新路

搬迁之初,全村1428人只有311.7亩(1亩≈666.67平方米)耕地面积,人均没有三分地,集体经济底子薄,结构单一,青壮年村民大多不得不外出打工,村里人心涣散,大操大办红白喜事等陋习屡禁不止,乡村发展陷于停滞。

老支书李文洪说,当年很多移民迁来后,既没有田地可种,也没得技能糊口,可以说是就业无出路、生活无门路。很多村民无所事事就扯皮、闹矛盾。当时党支部就确定了"扶两头带中间,支持干的带动看的"工作思路,实行了"以党建为引领,以发展特色经济为驱动,以公共服务为抓手,以三峡文化为特色,打一场漂亮翻身仗"的工作措施。

三产融合促振兴。首先是擦亮乡村旅游这张名片。许家冲村确立了以"党建+旅游"为方向,探索"党支部+合作社+基地+农户"发展方式,引进区属国有企业——经发集团组建宜昌许家冲乡村旅游开发有限公司,规划建设以许家冲村党建红色旅游线路为核心的大国重器游、高峡平湖游、三峡茶谷游三条精品旅游线路,引导发展民宿等旅游服务业,带动移民就业增收。许家冲村还通过农发行融资5200万元,争取移民项目资金4230万元,建成了村民文化活动中心、移民文化陈列馆、移民文化广场、移民"双创"示范街、游客接待中心、手工一条街、民宿一条街、美食一条街、三峡风情园、移民小微创业园、采摘观光园等项目。由此,宜业、宜游、宜居的魅力许家冲初现雏形。两委班子引导村民发展旅游餐饮、休闲民宿、

物流货运等服务业态,组建宜昌市圣至星园旅游专业合作社,与大三峡国旅等大型旅行社对接,做到广告宣传、住房价格和服务标准"三统一"。2019年,以艾草为特色的"三峡·艾"民宿营业收入200万元,移民韩永红开办的"韩家大院"农家乐创收150万元,实现营业额翻番,带动依山水、宜家人等38家新兴民宿蓬勃发展,提供就业岗位近百个。该村2019年旅游接待13.9万人次,总收入460多万元,获得湖北省"旅游名村"荣誉称号。

其次是特色农业渐成体系。引进全国农业龙头企业萧氏茶业集团有限公司,投资3500多万元建成穴盘育苗温控联动大棚、蔬菜大棚和现代化木本油料加工厂。2019年,基地育苗5000万株,实现产值2000万元,提供灵活就业岗位70多个。引进老巴人食品调味料,2019年产值350万元,产品远销西非,实现外贸出口"零突破"。

最后是多元发展新兴产业。村集体引进湖北九座山电子商务有限公司建设移民"双创"示范街,构筑宜昌地区农特产品线上线下展销服务体系,打造众包、众扶、众筹平台。移民望作东、刘正良的红花生、菜籽油通过电商平台远销外省,篾匠覃世新的篾器制品在平台上也很受欢迎,大大小小的背篓、果篮每月都能卖出30多件。

村两委班子还重点扶持能人创业,为村民创造家门口的就业机会。谢蓉做梦也没想到自己能成为一家年产值过千万的企业董事长,感激地回忆起自己的创业历程。当年老支书听说她擅长十字绣后,多次上门鼓励她开发民间手工艺品,几名干部陪着她走街串巷,到各个商场超市和汽车4S店跑销路。几年下来,勤奋好学的谢蓉结合三峡地区特有的手绣技艺"牵花绣",逐渐打造出"峡江绣女"品牌,在村党支部的引领下,她带领赋闲在家的移民妇女学习手绣技艺(图2-1)。2013年,谢蓉创立了宜昌市沁邑民俗文化产业发展有限公司,开办技能培训班,为300多名坝区移民妇女免费培训。最终公司提供了120多个就业岗位,2019年产值达到1526万元。老支书培养她入了党,并且鼓励她担任村企业联合党支部书记,她还成为全国十二次妇代会代表、湖北省人大代表、全国三八红旗手。

村民望运平移民搬迁到许家冲村后,一家六口人没有稳定收入,两个女儿还在上学,欠下几万元外债。穷困潦倒的他跑到村委会堵门拍桌子要求"吃低保",村委会了解到他的种茶特长后,很快清空老村委会办公房,支持他创办宜昌双狮岭茶叶专业合作社。现在,合作社年收购鲜叶180多万斤,销售各类干茶160多万斤,年收入7800余万元,望运平不仅实现了自己的致富梦,还带动300多名移民就业,合作社社员每亩茶园增收近千元。

(四)党建引领,探索乡村治理路径

许家冲村制定党员分类管理办法,将57名党员分为在村党员、行动不便党

图 2-1 峡江绣女

员、市内流动党员、市外流动党员四类,因地制宜发挥党员作用。许家冲村还探索创新了"三约三引"组织工作法。一是以《党员公约》引领党员干部担当有为。围绕支部建设、党员管理、产业发展和群众需求,征集提炼《党员公约》,并通过渔鼓调的形式让《党员公约》易懂易记,增强党员意识,令其更好地发挥党员作用。二是以《村规民约》引导村民崇法向善。村党支部把组织群众、发动群众、引领群众作为重点工作,推行《党员公约》和《村规民约》,推动乡村治理创新,引导村民做什么、不做什么。比如,"移风易俗我先行,大操大办带头禁",党员带头,引领群众红事少办、白事简办、事事文明办,相关烟单价不超过 20 元/盒,酒单价不超过 50 元/瓶,宴席每桌不超过 350 元。推行的第一年,红白喜事数量就比上一年下降 50%,场均花费节省近 2 万元,受到村民群众由衷赞赏。三是以《共富合约》引联各类组织兴业富民。村党支部在企业初创期帮一把、拉一把,让企业走上正轨。

为了能让村民们改掉陋习,尽快相识、相知,从合村变成合心,村两委班子煞费苦心,为村民搭建了文化交流平台,现在很多村民对于"跳广场舞,跳出和谐"还记忆犹新。村民们走出家门,远离牌桌,来到广场上跳舞谈心,彼此矛盾少了,村干部又能插空宣传新政策,一举多得。以跳舞为起点,推动乡村文化活动多元化,提振许家冲村村民精气神的路子由此铺开。

针对 21 个后靠分散建房户得不到场平补助的问题,村党支部与建房户反复沟通,向上级有关部门争取对建房户发放完善基础设施的项目补助,化解了一起持续 10 多年的上访积案;针对 135 名因企业征地安置暂无着落的移民,村党支部按照"复垦一批农田,发展一批产业,安置一批移民"的思路,采取引进企业、扶持创业、扩大就业等措施给予妥善安置;对于长期上访的重点户,村党支部、村委会坚持从源头解决问题,逐一化解他们的"心结"。如今,原先三个村的四类移民已不分彼此。原西湾村村民的农田全部被淹,另外两个村的村民主动腾出零碎田供他们种蔬菜。67岁的库区移民尤大秀从原西湾村搬到许家冲村后,原许家冲村村民谭必珍、谢大金先后让出一部分田给她种。

在许家冲村村口,有一个"永远跟党走"的雕塑。如何让许家冲村的村民们甘心跟党走?村党支部一班人形成了一个共识,那就是共产党员要讲奉献,肯忍让。硬是靠着打不还手、骂不还口、不计得失的奉献精神,许家冲村党员干部们扛过了合并之初的狂风暴雨,逐步建立起网格员入户调解、治保主任组织调解、老党员老长辈人民调解和村支书加法律顾问调解的四级调解模式,成功做到了矛盾化解不出村。"反映问题方式比较激烈的群众,往往都有特殊困难,只要我们换位思考,尽力帮助解决实际问题,村民最终会转变的。"现任村党支部书记望作战说。因为多年没有发生重大矛盾与案件,许家冲村获得"全国民主法治示范村""全国模范人民调解委员会""湖北省安全社区"等荣誉。村民自我管理、自我提升、自我服务的热情空前高涨,获得感、幸福感、安全感越来越强。

村民们生活发生了翻天覆地的变化,这离不开党建的引领,更离不开坚强的村党支部班子成员,他们始终将共产党员的初心使命牢记在心,时时践行。自立自强、无私奉献、踏实肯干、勤奋感恩都是中国共产党传承下来的优良传统,也深深地感染着许家冲村的村民们。

(五)牢记嘱托,感念党恩奋发有为

2018年4月24日,习近平总书记来到许家冲村,实地察看了三峡移民新村建设和生产生活情况。他饶有兴趣地听村干部们齐声高唱用峡江渔鼓调填词的《党员公约》,走到便民洗衣池边和刘正清拉起了家常。习近平总书记说:"不管是本地人、外地人,在一起就是一家人",勉励村民们要团结一心,互帮互爱,齐心协力把新家园建设得更好。

许家冲村这两年能够取得这么多成就,发生这么大的变化,村民们由衷地感到,这是总书记视察带来的机遇,是各级党委政府牢记嘱托、推动总书记指示精神落地的结果。

许家冲村的村干部们一直认为只有重视教育,把村里的孩子培养好了,乡村振兴才有希望,并且也才是对我们党制定富民惠民政策的最好回报。从建村之初至今,许家冲村累计108人考上大学,平均每年有4—5名学生考上重点大学,村里拿出专门资金给予奖励,并引导大学生回乡参加暑期"阳光家园"帮教活动,开设

"四点半课堂",辅导中小学生文化课。大学生望华鑫学成归来,用自己的实际行动回馈家乡。疫情期间,她抓住机遇,利用网络直播带货,逐渐打开了市场。"从去年4月份开始,我们在茶园里、茶厂里直播,做了很多场,慢慢地也积累了一定的粉丝。每天都能达成几十单的销售。"望华鑫笑道。

感念党恩需要奋发有为。许家冲村打造了"双创"示范街,茶艺、果蔬、粮油、手绣、美酒等线下电商体验馆,浓缩着峡江的味道,绽放着移民的梦想,让许家冲村更加神采奕奕。"三峡茶艺馆"原来是村民朱国珍家的客厅。她低价租给村里,把家当搬到里间。朱国珍说:"我们支持村里的发展,让出客厅,搬到后面虽然不方便,但是高兴。"老百姓从内心里都想把许家冲村建设好,把自己家乡建设好。村里点点滴滴的变化,无不凝结着村民对家乡的爱和对党的感恩。

目前,许家冲村建成村级便民服务室,推行一站式、全天候服务,引入电子党务、电子村务、电子服务、电子商务"四务通"和"夷陵一家亲"等新型农村网格化信息管理平台,便民服务室可直接为村民办理10项事务和14项代办事务,打造一站式村民办事服务平台,基本实现"公共服务送上门、移民办事不出村"。在许家冲村的文化广场中央,有四个高大的石柱刻着"奉献、自强、感恩、阳光"。这是许家冲村的移民精神。村民刘正涛说:"小康生活不是天上掉下来的,而是靠一代又一代人奋斗得来的。"如今的许家冲村,家家有产业,户户有新房,人均收入由不足2000元上升到18063元,移民家庭就业率达到100%。20多年来,村民们弘扬三峡移民精神,克难奋进、破浪前行,把许家冲村建设成了一个富美宜居新家园,闯出了一条三峡移民的小康路。

(六)从我做起,践行党员初心使命

中国共产党从诞生之日起,就把"为中国人民谋福利,为中华民族谋复兴"作为自己的初心和使命,坚持全心全意为人民服务的根本宗旨,团结组织带领群众为人民的利益而奋斗,不断赢得人民的支持和拥护。正如习近平总书记指出的"我们党来自人民、植根人民、服务人民,党的根基在人民、血脉在人民、力量在人民。失去了人民的拥护和支持,党的事业就无从谈起"。人民立场诠释了中国共产党脱颖而出的真谛,是红色基因中最本源的成分和价值底蕴。"乡村振兴不是坐享其成,等不来、也送不来,要靠广大农民奋斗。"总书记在许家冲村视察时的殷殷嘱托给许家冲村带来了振兴的希望,更加激励了许家冲人不断奋进。

一次记者问我怎样才能实现乡村振兴、共同致富,我说道:"老百姓的小事,我们要当作大事去做。耕田赶秒打田埂,栽秧割谷担草头。在生产生活中,党员干部都要带个好头。给留守老人换个灯泡、修个水龙头,党员干部费不了什么功夫,但给乡亲们带来的是实实在在的方便。"要实现乡村振兴、共同富裕,关键在于党

建的引领和党员的服务意识,要时刻把人民群众的利益和幸福放在第一位。

我从事基层工作已经有十多年。作为外来人口,迅速地融入并获得全体村民的信任,是一件非常不容易的事情。我一直坚信给村民办事,不一定要图他们满意,但要尽自己最大的努力,让他们感动。只有通过全心全意为人民服务,才能获得村民的支持和信任,才能更好地服务乡村建设。

低下架子当"癞子",抛开烦恼做好事,这是我一直以来的工作方式。早些年,农村走集体化时,一名生产队长如果连耕田、赶撵、打田茬、栽秧、割谷、挑草头都不会,是当不成一名好队长的。群众的眼睛是雪亮的,只有我们党员干部以身作则,做好每一件大小事情,村民们才会服你,才会听你的,事情才能办得更好。现在,我在工作时,常常把自己比作一个"癞子",当我跟书记在一起工作时,我就是副书记的角色;当我和妇联主席在一起工作时,就是副妇联主席;当我和网格管理员在一起工作时,就是副网格管理员;当我和留守孩子在一起时,我就是他们的临时爸爸。

村看村,户看户,群众看的是干部。我平时与班子成员一起为增强和群众之间的感情,积极开展走访调查,这使我能更加了解群众之所想和所需,将群众上访转变为干部下访,与群众多沟通、多交流,做群众的知心人,把群众的小事当作自己的大事,把群众的疾苦当作自己的痛苦。在做劳动保障协调员的这十多年里,村民找我交城乡居民医疗保险,连收据都不要,有时收据我亲自送上门他们还嫌麻烦。村民对我的信任让我更加坚定了为人民服务的根本宗旨。

整个村委会广场和大楼,我们从未请过保洁人员,全是我们班子成员各自划分责任区,带头做好公共卫生。我从2010年10月26日上班的第一天起,就担任公共卫生间的冲洗工作,这一干就是十年多,群众亲切地称呼我为"公厕所长"。忠诚老实、公道正派、清正廉洁都是中国共产党人传承下来的红色品格,在许家冲村,我会和班子成员一道继续引领村民们营造踏实肯干、求真务实、团结奋进的红色生态。我积极将红色元素融入我们乡村民宿建设中。会唱歌的,我们为他打造"许家冲民宿之红歌馆";会讲故事的,我们就打造"许家冲民宿之红色故事馆";会唱《党员公约》的,我们为他打造"许家冲党员公约馆",一间间民宿各具特色,也吸引了不少游客前来打卡,既增加了居民的收入,也有助于红色文化以新的载体和形式传承下去。

今后,我们还将继续挖掘村里能人,组建村级宣讲队伍,开展理论宣讲、家风传承、技能培训、生态教育、红色文化"五个课堂"宣讲活动,将"奉献、自强、感恩、阳光"的移民精神融入宣讲内容,激励村民感恩奋进,脚踏实地奔小康。同时多维度地打造红色阵地,大力弘扬中国传统文化,不断挖掘和培养先进典型和模范人物,让中国红和三峡文化后继有人。

三、调研分析建议

（一）乡村党支部建设要突出先进性，创建多元管理服务模式

农村党支部是中国共产党在农村的基层组织，是党密切联系人民群众的桥梁和纽带，是农村各级组织和全部工作的领导核心。2018年11月26日，中共中央政治局审议修订了《中国共产党农村基层组织工作条例》，指出"要加强农村党支部建设，坚持支部建在村上，实现对农村各领域全覆盖。"同时，明确了村党组织的职责是"加强对群众的教育引导，做好群众思想政治工作。"因此，农村基层党组织的政治使命就是引导和领导工作。习近平总书记指出："党对农村的坚强领导，是使贫困的乡村走向富裕道路的最重要的保证。"

党支部要发挥思想工作的优势，在发展产业的过程中培养党员。许家冲村老支书李文洪发展谢蓉入党，并扶持她创业。如今，谢蓉已成为致富带头人，创办的企业年产值过千万，还担任村企业联合党支部书记，成为全国十二次妇代会代表、湖北省人大代表、省三八红旗手，充分展示了共产党员的先进性。

随着国家治理重心下移，给村两委放权赋能，村两委办事效率得到大踏步的提高。村便民服务中心可直接为村民办理10项事务，代办14项事务，让村民小事不出村、大事不出镇、难事不出网，服务群众的"最后一公里"已被打通。大到房屋建设审批手续，小到复印一份文件，都可以不出村。引入电子党务、电子村务、电子服务、电子商务"四务通"和"夷陵一家亲"等新型农村网格化信息管理平台，大大提高了办事效率，让基层组织在群众中的形象得到了极大提升。

（二）乡村产业发展要融入共富理念，重构多元乡村产业格局

乡村经济发展到一定阶段，由于生产资料的重组，生产关系的裂变，必然出现多元产业形态。同时，随着农村供给侧结构性改革的落实，农村各类实体组织在生产资料重新分配和重组过程中，催生了多元化的集体经济形式。在重构农村经济的过程中，不仅仅要考虑集体经济，也要考虑乡村振兴和全体村民的共同富裕。因此，重构农村新型集体经济便成为实现生态文明转型和乡村振兴的必由之路。另外，合作社的多元化发展，不但给农业发展提供了多种形式，而且为农民增收提供了多种途径。许家冲村的"三约三引"中有一条是专门针对产业发展的。这就是"以《共富合约》引联各类组织兴业富民"。

（三）乡村事务管理要引入协商机制，构建乡村命运共同体

农村空心化和城镇化的客观需要及农村留守老人的心理需要，共同促成了乡

村命运共同体意识的形成。许家冲村建立了很多村民自治组织,每一个组织的负责人都是党支部成员或者党员骨干。这样把人划分到不同的单元格里面,类似城市社区的网格。不过社区的网格是以管辖区域为网格,而许家冲村以团体为网格。这样的治理组织,拥有多元的治理主体,能最大限度地吸纳当地群众,是一种内生性的组织,具有治理优势。这种组织的意义在于具有消解功能和能广泛地提供服务;对外可以负责,对内消解矛盾;不仅能凝聚人心、团结大多数人,更容易加强村民的共识、促进村庄命运共同体,为综合治理提供有力的辅助作用。

许家冲村建立了有效的协商机制,比如:红白理事会协调机制、庭院绿化奖励机制和垃圾第三方补偿机制、村民纠纷"三三制"调解机制等。相比于其他的管理成本,协商的成本是极低的。协商机制就把村庄的治理引导到村民自治的轨道上来了。归纳起来,许家冲村的做法就是"以《村规民约》引导村民崇法向善"。

(四)乡村文化建设要加强党建引领,创建"党员融入式"群众文化社团

许家冲村党支部是村民的精神支柱。当移民处于乡愁与农村空心化的多重心理焦虑状态时,为了缓释乡愁,党支部积极用文化建设引导村民开展文艺活动,请来夷陵区文化方面的专业人士进行指导,村文化员发挥自身特长,把群众引导到文艺节目中来。近几年来,在许家冲村党支部的带领下,经过有关人士的指导,群众自编自演了一些正能量的文艺曲目,每逢村里有重大活动,党支部就组织村民演出。村民的积极性和参与度很高。

许家冲村的治理模式是在实践中摸索出来的。经过实践的检验,取得了显著效果,证明这种模式具有活力。由于许家冲村是一个移民村,具有城镇化的特质,因此,对城镇化视域下的乡村治理具有较强的参考意义。

四、结束语

许家冲村的基层治理实践告诉我们,明星村的"红色密码"就是党员干部不忘初心、牢记使命,始终把响应党的号召、建设大国重器、实现中华民族伟大复兴放在第一位,始终把人民群众的利益和幸福放在第一位;通过实践,不断塑造村民们忠诚担当、公道正派、求真务实、自立自强的红色品格,培养和锻造有活力的红色生态。只要我们始终坚持让党员干部生活在群众中、让群众生活在集体中、让基层阵地筑牢在百姓心中,我们的各项事业就一定能顺利推进,无往而不胜。

五、调研成果运用

在学校党校和"一村多名大学生"讲坛这两个平台开展宣讲,将相关材料提交给湖北省直机关党员干部许家冲教育基地作学习素材。

第三章　城镇化视域下"一核多元融入重构"模式探索

一、许家冲村的主要矛盾及移民村矛盾的普遍性

许家冲村自合村并组之后,全村607户在国家的支援下,协调各种社会资源,基本解决了"三通一平"。不同于传统的自然村落,移民村实质上契合了城镇化的道路。新的许家冲村实质上有了城镇的雏形。移民村与城镇化是同质的。许家冲村在城镇化的过程中面临四类普遍性的矛盾,这些矛盾既是许家冲村的矛盾,也是移民村的普遍性矛盾。

(一)失去家园的乡愁以及社会关系重构带来的张力

许家冲村的最大特点是它是一个移民村。不同于传统村庄的熟人社会,移民村的人际关系有一个重新乡土化的过程。在移民村,传统的结构性力量出现了分化与重组。社会关系与人际关系重构造成了焦虑。

(二)有限的土地资源与人口之间的结构性矛盾

许家冲村的人口与土地在合村并组之后产生了结构性矛盾。人多地少,全村土地须重新分配。这样就造成了原许家冲村村民与移民之间的冲突。由于土地人均占有量大幅度降低,产业结构发生了根本性的改变。当土地不再成为谋生的主要资源的时候,更多的人被分流到第二产业或第三产业。有限的土地和资源使得村庄内部矛盾异常尖锐,导致许家冲村面临严重的社会撕裂,急需进行社会秩序的重建。

(三)经济结构与劳动力不匹配的矛盾

许家冲村隶属于太平溪镇。在太平溪镇,由于自然环境的制约,两种传统产业发展得比较成熟:低山种植柑橘,高山种植茶叶。原来种植柑橘的移民对茶叶生产与经营一无所知,因此,移民做不了茶叶加工,有事做不了。

（四）城镇化带来的劳动力转型与就业市场空间局促形成的矛盾

村民失去土地等生产资料，没有一技之长，但又没有企业可以容纳村民就业，即移民想做事但村里没有产业可以吸纳就业。

（五）城镇化带来的公共事务需要与基层服务不匹配的剪刀差

城镇化的出现，带来了公共事务。农村的管理者显然没有管理市民的经验。当聚居成为村镇之后，环境卫生、村容村貌以及污水处理就成为公共事务。

二、许家冲村的治理对策："一核多元，融入重构"的理论建模

乡村治理涉及的维度多元，不必"眉毛胡子一把抓"。关键是分析主要矛盾之后，采取的对策必须有针对性和普适性，针对移民村矛盾的主要方面，就找到了治理的基本规律，这就需要从分析移民村矛盾的主要方面入手进行理论建模。移民村矛盾的解决方法主要有：提升党的战斗力和生命力，引导群众凝聚民心，调配社会资源重构村民职业技能以帮助他们就业，重构产业增加创收新渠道，协调各方共治，激发活力，提高综合治理效能。这是"一核多元，融入重构"理论建模的理论基础和适应范围。

（一）优先之策：党建引领，强化"一核"

具体路径是：党建引领，融入先进理念，重构支部形态，培育党的战斗力与生命力。

农村党支部是党密切联系人民群众的桥梁和纽带，是农村各级组织和全部工作的领导核心。2018年11月，中共中央政治局审议修订了《中国共产党农村基层组织工作条例》，指出"要加强农村党支部建设，坚持支部建在村上，实现对农村各领域全覆盖""必须坚持党的农村基层组织领导地位不动摇"。同时，明确了村党组织的职责是"加强对群众的教育引导，做好群众思想政治工作""领导本村的社会治理"。习近平总书记指出，党对农村的坚强领导，是使贫困的乡村走向富裕道路的最重要的保证。2019年印发的《中国共产党农村基层组织工作条例》明确规定"党的农村基层组织应当加强对各类组织的统一领导"。这样，党支部在村级治理中的核心领导地位就有了法理依据。

《2019年中央一号文件》指出，全面推行村党组织书记通过法定程序担任村委会主任，推行村（社区）两委班子成员交叉任职。这一规定从法理上明确了党委与行政的关系，高度融合下的村两委，主体是党支部。

党建引领是乡村治理的总抓手,但首先要打造一支高效的党支部。许家冲村在党建方面的做法如下。

1. "一核"凝聚战斗力:融入先进性建设,增强党的战斗力

(1)能战斗:亮明身份,唱响《党员公约》。

为加强党支部先进性建设,许家冲党支部创新提出"三约三引"党支部工作法。"三约三引"的内容是:《党员公约》引领党员担当有为,《村规民约》引导村民崇法向善,《共富合约》引联各类组织兴业富民。"三约三引"以《党员公约》为核心,要求党员个体唱响《党员公约》,亮明党员身份,引导党员践诺。村党支部围绕支部建设、党员管理、产业发展和群众需求,征集提炼出16句112字的《党员公约》,并用峡江渔鼓调填词形成"村歌"。《党员公约》亮明党员身份,可以增强党员主动作为的意识,尤其在农村这个熟人社会,公开进行个性化的承诺使得群众对党员的监督更加有效。总之,集中展示、公开承诺、履约践诺,提高了党员的政治意识。这些做法实质上提高了党员的政治站位。习近平总书记在许家冲村调研时说,"《党员公约》的内容写得很好,渔鼓调很悠扬,朗朗上口。用大家喜闻乐见的形式,使党员干部把党的作风和纪律要求牢牢记在心中,这很好。"

对党支部来说,建设一支能战斗的队伍,是一切工作的基础,例如建立和完善两委工作例会、党员大会、三会一课、民主评议等相关制度规定,严肃党内政治生活,着力解决"政治重要、治理软化"的问题。既要强化政治引领功能,也要释放党建引领乡村振兴的动能。

(2)能办事:小事不出村,大事不出镇,难事不出网。

随着国家治理重心下移,给村两委放权赋能,村两委完善一站式村民办事服务平台,村便民服务中心可直接为村民办理10项事务,代办14项事务,让村民小事不出村、大事不出镇、难事不出网,服务群众的"最后一公里"已被打通。村两委办事效率得到大踏步的提高。村民想要办事,大到房屋建设审批手续,小到复印一份文件,都可以不出村。

2. "多元"焕发生命力:融入先进性建设,重构党组织多元形态

(1)融入党务与业务互构的先进理念,党支部建在产业链上。

农村基层党组织中,支部书记是"领头雁"。由于支部书记与村委会主任合二为一,党委授权和法律赋权之间的"二元"权力结构矛盾消失。村党支书和村委主任的"一肩挑"和班子成员交叉任职,巩固了村党组织领导权的正当性。支部书记承担了行政、业务、党务、治理等多重责任,归纳起来就是党务与业务、产业与育人的问题。

(2)党务与业务互构,产业育人协同。

党支部要学会在发展产业中培养党员。一个创业典型,不仅仅是要帮助他创业,更要带领他在思想上、在政治上成长。能人是带出来的,要在培育产业中培养能人。许家冲村的几位企业负责人就是在村支书的带领下加入党组织的。

将这种先进的党建理念融入基层农村的具体实践中去是国家战略的重要组成部分。许家冲村党组织通过覆盖的办法融入产业链,重构党支部,于2019年6月成立了许家冲企业联合党支部,支部主要涵盖三个移民创业企业和一个商业主体,服务企业类型涉及农业、文化、制造和商贸等方面,支部现有党员8名,其中年轻党员5名,大专以上党员2名,入党积极分子2名。

企业联合党支部的成立,是组织全覆盖的重要环节。该支部汇聚了当地的社会精英,为党组织增添新鲜血液,进一步夯实了党在基层的执政基础。联合企业党支部在当地通过走访困难群众,帮扶困难家庭,为村民就业提供保障等发挥了很好的作用。三个企业共吸纳村民就业300多人。联合党支部更为深层的贡献是优化了党组织的组织结构,让党的影响力覆盖到了新的领域。社会结构以及由此衍生的新的社会阶层是党在基层治理关注的焦点。

(3)融入分类管理理念,重构多元党组织的管理模式。

针对移民村老党员多、外出务工党员多的现实,许家冲村党支部制定了党员分类管理办法,将61名党员分为在村党员、行动不便党员、市内流动党员、市外流动党员四类,因地制宜发挥党员作用。针对流动党员不能参加党组织生活会的情况,党支部创造性地发展出电子党务。外地党员可以通过发小视频和视频连线的方式参加党组织生活会。

党建工作的启示:首先,只有先进才有战斗力。"三约三引"的先进理念淬炼了党员干部的党性。党员发挥了党员的战斗作用,才能有高质量的党建。高质量的党建才能带动高质量发展。其次,只有先进才有生命力。党组织融入产业链中、党务业务互构、重构党组织的形态是基层党建工作的有效路径,也焕发了基层党组织的生命力。

(二) 固本之策:文化引领,凝聚民心

具体路径是:文化引领,融入文化建村理念,重构多元社会组织,形成"一核多元"的模式,凝聚人心。

合村要先合心。民心是国家根本。稳定移民,先稳其心。稳定移民的主要路径是关系重构和秩序重建。为了让移民"移得出,稳得住,能致富",村党支部一班人决定发挥党组织的政治优势和制度优势,融入文化建村理念,培育多元文化形态,重构多元文化组织,从而重建乡村社会。

1. 以文化引领为抓手,组建党员融入式群众文化社团,重构社会组织

当许家冲村的移民失去了生产资料的时候,生产关系的变革最终会引起社

形态的变革。许家冲村也由原来的乡土社会变为"市民社会"。为了安抚移民对故土的眷恋,转移他们对家园的思念,也为了让重新组合的村民建立新的社会关系,党支部决定组建各类社会文化团体,将村庄社会重构。路径是开展系列文化活动,以文化引领重构社会组织,并重建社会关系。重构的主要手段是组建各类文化活动的社团。

村支部搭建文化社团的目的就是要搭建相互融合的平台,让每一个人融入新的大家庭之中,让每一个人都有归宿。每个社团都有党员融入,所有社员都是根据兴趣加入的,因为兴趣动力比经济动力更节约、更持久。文化建设以传统文化为主阵地,因为传统文化在村庄有着一定的群众基础和比较深厚的文化土壤,特别是非遗传承,在当地经久不衰,显示出强大的生命力。事实上,传统文化是乡土的衍生物,又反过来促进了乡土化的进程。近十年来,许家冲村组建的社团如表3-1所示。

表 3-1　许家冲村党员融入式文化社团情况

社团名称	组建年份	性质	成员情况
腰鼓队	2010 年	党员融入民间自发	以老年女性为主
门球队	2010 年	党员融入民间自发	以老年男性为主
大鼓队	2011 年	党员融入民间自发	以老年男性为主
军鼓队	2012 年	党员融入民间自发	以中老年为主
夷陵地花鼓	2012 年	传承人牵头党员融入	以中老年为主
广场舞	2010 年	党员引领民间自发	以中老年为主
舞狮舞龙队	2012 年	党员融入民间自发	以中老年为主
采莲船	2010 年	党员融入民间自发	以中老年为主

2. 建设移民陈列馆:寄托乡愁

移民陈列馆也是许家冲村史馆,具有浓郁的农家小院气息和峡江建筑风格,诠释了许家冲人浓厚的乡土情怀和奉献精神。展柜里展示的有原覃家沱村周代遗址出土的部分文物以及原来的生产工具和生活器具。移民陈列馆还陈列了一幅有历史意义的画。移民想念家园的时候就来移民陈列馆。移民陈列馆成为移民纪念家园寄托乡愁的地方。移民陈列馆充分考虑了移民的乡土情怀,体现了民本思想。

3. 党建引领文化建设:释放乡愁

党支部应成为村民的精神支柱。当移民处于乡愁与农村空心化的多重心理焦虑状态下时,为了缓释乡愁,党支部积极用文化建设引导村民开展文艺活动,请来夷陵区文化方面的专业人士进行指导,村文化员发挥自身特长,把群众引导到文艺节目中来。近几年来,在党支部的带领下,经过有关人士的指导,许家冲村群众自编自演了一些正能量的文艺曲目(见表3-2),每逢村里有重大活动,党支部就组织村民演出。虽然演出是免费的,但是村民的积极性很高,参与度很高。

表3-2 党建引领许家冲村文艺曲目情况

曲目名称	类型	参与方式	演出场地
《情满峡江》	文化秀剧目	许家冲村群众自编自演	
《一滴水》	文艺节目	群众自编自演	
《许家冲的故事》	文化秀剧目	群众参与	许家冲文化活动中心
《党员公约》	歌曲	许家冲村党员参与	
《美丽乡村》	歌曲	许家冲村党员、村民参与	

4. 开展宣讲活动:转移乡愁

党支部组建村级宣讲队伍,开展理论宣讲、家风传承、技能培训、生态教育、红色文化"五个课堂"宣讲活动。宣讲具有积极正面的导向功能,将村民从移民的乡愁之中彻底释放出来,以文化重塑心灵。

文化建村的启示:首先,移民村的重建本质上契合城镇化的轨迹。在城镇化的进程中,需融入文化引领的理念,优先培育文化,以"融入文化引领的理念+重构社会"为路径重建秩序。文化建设以传统文化建设为主,传统文化起点低、群众参与度高,建设周期短、投入少、见效快,是高效的文化建设工具。其次,文化建设充分突出了村民的主体意识,可以充分激发自治活力。再次,移民村须尽快重构社会关系,凝聚民心,缓解冲突,形成集体意识。在文化活动的引导之下,移民的乡愁得到释放,重新焕发活力,为许家冲村凝心聚力奠定了坚实的群众基础。

(三)培元之策:重塑身份,重构技能

具体路径是:城镇化视域下劳动力的转型,融入家户制理念,重塑身份,重构职业技能。

城镇化的最大冲击是农民失去了原有的生产资料,生产方式也发生了根本性的改变。农民原有的生活技能突然失去了存在的意义。简单说,农民因失地而失业。对于许家冲村村民来说,原来种柑橘现在不得已从事其他行业。生产方式的改变倒逼生产力提升,劳动力面临转型,农民的身份也面临重塑,这是城镇化过程中的共同规律。对于移民村或城镇化的村庄而言,农民失去土地,不再以耕种为生,必须重构劳动技能才能适应新的生产和生活需要。劳动力的素质与技能提升是提高生产力的源泉,是乡村可持续发展的培元之策。因此,许家冲村采取了重

构职业技能的对策,以适应城镇化带来的挑战。许家冲村为此举办多种形式的培训,联系多种培训机制,建立"素质＋技能"的双元培训路径,对于提高村民劳动力职业能力,促进村民就业创业,稳定村庄起到了培元固本的作用。劳动力培养还需融入家户制理念和长远发展理念。

1. "一技三德"的劳动力培养:技能素质双轨制

技能为立身之本,养家之基。村党支部集中组织大面积的"1+1+1"培训,即每家每户至少有一个劳动力获得一项技能,技能培训覆盖全村青壮年劳动力。城镇化的核心是人。对于聚居又失去生产资料的个体,最重要的是提高其生存技能,以提升适应城镇化的能力。为此,党支部充分利用制度优势,上引下联,联系夷陵区及宜昌市相关部门和企业,在全村开展了大规模、全覆盖、多形式的技能培训。

从1996年到2006年,"阳光工程"系列培训工程开展了十多年,他们称为"一技三德"("一技"即每家每户要有一个人至少掌握一门技术;"三德"指个人品德、家庭美德、社会公德)。培训内容有厨师、挖掘机、焊工、叉车、电工、瓦工六个工种的理论与实践知识。党支部还错开培训时间,让村民获得了更多的培训机会。最终培训参与量达到900多人次。每户至少有一个人参加培训,每个成年男性至少获得了一项技能。这样,每个家庭都因有技术而能生存。家庭是社会的细胞。只有家庭经济收入有了保障,家庭才能稳定。因为户是国家治理的根基。

个人品德、家庭美德和社会公德通过村民自编自导自演节目的形式培养,宣传抑恶扬善,从整体上提升了劳动力的素质。

2. 调配社会资源,重构职业技能

党支部充分挖掘当地潜力,调配当地社会资源,充分发挥民间力量,培训劳动力重构职业技能。经过多方努力,许家冲村每家每户至少有一个人就业,移民家庭就业率达到100%。

劳动力培养的启示:首先,生产方式的改变倒逼生产力的改造升级。村民在城镇化过程中,原来的劳动技能失去用武之地,需要重构职业技能。因此,新的生产方式倒逼生产力提升。其次,技能与素质同步提升。随着产业的拓展,新的产业兴起,因此,个体只有同步提升技能与人的素质,才能提高适应能力。第三,建立家户制理念。家庭的稳定是社会稳定的基石。要着眼于可持续发展,因为产业的发展是有周期性的,而人的发展需要考虑长远。

(四)长久之策:党建引联,重构产业

具体路径是:激发创造活力,优化产业结构;融入共富理念,重构多元产业。
乡村经济发展到一定阶段,由于生产资料的重组,生产关系的裂变,必然会出

现多元产业形态。同时,农村供给侧结构性改革促成了各类实体组织生产资料的重新分配,催生了多元化的经济形式。在重构农村经济的过程中,不仅仅要考虑集体经济,也要考虑乡村振兴和全体村民的共同富裕。因此,重构农村新型经济便成为实现生态文明转型和乡村振兴的必由之路。另外,乡村产业的多元化发展,不但给农业发展提供了多种形式,还为农民增收提供了多种途径。

许家冲村的"三约三引"中有一条是专门针对产业发展的。这就是"《共富合约》引联各类组织兴业富民"。具体做法如下。

1. 引进茶产业龙头企业,培育本村企业,做优做强茶产业

对产业规划布局来说,市场是决定性因素。因为市场的形成具有比较长的周期性,各类资源的配置与优化具有客观性。许家冲村的市场是茶叶。茶叶生产对土壤气候条件有客观要求。当地的茶产业是市场历史发展的结果,也是自然选择的结果。因此,做优做强茶产业是由当地市场决定的。

但小农小户不具备做大做强的各种条件和资源,因此需要政府的引导。许家冲村根据夷陵区茶产业的特点引进萧氏茶业集团有限公司、龙峡茶业集团2家茶产业的龙头企业,采取"村集体出厂房+公司主体运作+村民参与"的运作模式,壮大了市场,这两个企业以"强社、兴业、富民"为理念,形成了生产、供应、加工、销售一条龙,技、贸、工、商一体化的生产格局。另外,对于本地茶产业,通过培育扶持的政策帮助自主创业企业发展,例如,对双狮岭茶业有限公司在厂房租金上给予减免,提高了该企业的竞争力,目前该企业吸纳了80多名村民就业。

2. 专业合作社:融入"共富"理念,多种方式运作,激发创造活力

专业合作社目前有两种类型,一种是以土地为股份的合作社。该类土地股份合作社采取"三权分置"的构架设计,党支部在其中起到引领作用。另一种是产业合作社。产业合作社采取"村支部+公司+农户"的运作模式,既壮大了集体经济,也帮助了公司发展壮大,同时吸纳农户就业,帮助增收,实现公司、集体和农户三方盈利。产业发展壮大,合作社是一种趋势。目前,许家冲村共有5家专业合作社,如表3-3所示。

表3-3 许家冲村党合作社情况

序号	合作社名称	成立时间	负责人	运作方式	社员人数
1	宜昌双狮岭茶叶专业合作社	2011年	望运平	公司+农户	30
2	许家冲土地股份合作社	2012年	望作战	村集体+公司+农户(以土地入股分红)	9
3	宜昌绣女工艺品专业合作社	2012年	谢蓉	公司+农户	30

续表

序号	合作社名称	成立时间	负责人	运作方式	社员人数
4	宜昌市圣至星园旅游专业合作社	2018 年	望作战	村集体＋公司＋农户	9
5	宜昌市坝上风情乡村旅游专业合作社	2018 年	谢蓉	公司＋农户	21

3. 向服务业倾斜，创建村集体为主的旅游公司，培育旅游市场，开创旅游产业

(1)产业结构的发展与优化是市场演变的结果，也是社会发展的需要。

村集体经济的重新崛起实际上是经济发展回归的一种表现。经济发展如社会发展一样，具有回归的特征，即每一种经济形式在快速发展之后就会停滞，然后衰退，最后重新回归。村集体经济也是如此。发展壮大村集体经济是巩固党组织在农村基层领导能力的重要物质力量。

(2)发展集体经济，实现多方共赢。

许家冲村瞄准旅游资源，组建宜昌许家冲乡村旅游开发有限公司，采取"党支部＋讲解员＋村民"的方式运作，实现了多方共赢。目前，公司推出了三条精品旅游线路：大国重器游、高峡平湖游、三峡茶谷游。三峡艾主题民宿、韩家大院成为"网红打卡点"，手工牵花绣、竹编工艺品、传统手工酿造酒等手工制品成为"网红产品"。

(3)打造"三峡许家冲干部培训中心"，培育旅游市场。

许家冲村通过争取各类融资及项目资金 9430 万元，建成群众活动中心、移民陈列馆、"双创"示范街、民宿一条街等"一心一馆四街四园"。两年来，累计接待各地党员干部 2200 批、28.4 万人。2019 年实现旅游接待 9 万余人次，总收入达 500 万元。2020 年 8 月，许家冲村被评为全国乡村旅游重点村，发展民宿 38 家，带动近 200 人就业，实现村民增收 300 余万元，集体增收 27 万元。

产业重构的启示：首先，融入共富理念，将以市场调节为主体与政府引导相结合，重构产业，共富才能有稳定的社会基础。其次，市场的资源和储备是产业发展的根本依据。

(五)"共治"之策：协同共治，激发活力；创新机制，提高效能

具体路径是：融入"命运共同体"理念，党建引领重构多元"共治"组织，形成"一核多元，融入重构"的模式。

1. 命运与共，协同共治

城乡二元结构带来的城乡经济发展不平衡导致农村的空心化。在空心化的

大背景下,党与群众休戚与共,命运相系,共进共退,价值趋同。另一个原因是城镇化出现了公共事务。农村空心化和城镇化的客观需要及农村留守老人的心理需要,共同促成了乡村命运共同体意识的形成。

2. 构建多元"共治"组织,激发治理活力与效能

(1)协作共治,激发活力。

"一核"即以党支部为核心,多元就是由党组织牵头组建多个民间自治组织。这些组织能广泛吸纳村民参与,具有活力,可以称为"共治"组织。"共治"把各种疏离的社会力量纳入合法的轨道上来,从而消解了离心力,并激发出各种治理力量的活力。这些"共治"的多元治理组织(见表3-4)实际上具有"三治融合"的特点。多元治理主体必须在核心的统领下才能建立秩序,减少内耗,达到最优的效能。

表 3-4 许家冲村党建引领多元治理组织

组织名称	主要性质	负责人
许家冲工会委员会	自治、法治	党支部成员
家政便民服务队	自治、德治	党支部成员
巾帼卫生服务队	自治、德治	党支部成员
和谐调解服务队	法治、自治	法律顾问
清河护江服务队	自治、德治	党支部成员
红白理事会	德治、自治	党支部成员
治安联防服务队	法治、自治	法律顾问

多元"共治"组织是基于村民命运共同体设计的,是一种内生性的村民自治组织,极大地调动了群众自治的主动性与自觉性,有较强的凝聚力和活力。

(2)创新机制,提高效能。

协商是基于公务产生的。相比于其他的管理成本,协商的成本是极低的。协商的实质是协商机制。协商机制可以把村庄的治理引导到村民自治的轨道上来。归纳起来,许家冲村的做法就是"以《村规民约》引导村民崇法向善"(许家冲"三约三引"之一)。

许家冲村协商机制的内容如下。

第一,乡风文明建设:红白理事会协调机制。农村的红白喜事是农村的公共事务,也涉及乡风民俗。传统的风俗习惯是各家各自为政,造成极大浪费。只有统一集中办理,才能禁止攀比恶俗。为此,村党支部把红白喜事操办的地点统一放在村委会,统一管理,统一标准,统一配置服务,统一调配人员。红白喜事由村红白理事会统一管理。

第二,庭院绿化奖励机制和垃圾第三方补偿机制。为了美化村庄环境,绿化庭院,许家冲村提出以"绿净齐富厚和"为目标,推行庭院绿化"户植村奖",对于按照规定进行绿化的家庭,每户奖励500元,目前已经奖励了35户,起到示范带动作用。垃圾分类则采取了第三方补偿机制。由于经济效益问题,收购垃圾的责任方到农村收购垃圾的积极性常常不高,因此村民更需要养成垃圾分类的良好习惯。为了搞好垃圾分类,村党支部拿出集体收入的一部分对垃圾分类做得好的家庭进行补偿,也对收购垃圾的一方进行补偿。

第三,村民纠纷:"三三制"调解机制。按照"小事不出组,大事不出村"的设计,村支部创造了"三三制"的调解机制处理村民之间的纠纷。所谓"三三制",就是一般调解三次。第一次由村民小组长上门调解。如果调解不成,就由和谐调解服务队上门调解。如果仍然调解不成,第三次把双方请到村委会,在村民跳广场舞的时候由村干部加和谐调解服务队共同调解。这样,村民出于自尊心和身处熟人社会的考虑,一般都愿意接受调解。在许家冲村,大到意外事故赔偿、土地纠纷,小到邻里纠纷、家庭矛盾,只要群众有需求,调委会都会主动介入化解,把矛盾消解在基层。由于连续8年没有发生群体性治安事件,许家冲村村委会获得"全国模范人民调解委员会"的称号。

综合治理的启示:首先,融入命运共同体理念和"共治"理念,重构党员嵌入式社会组织,以此作为综合治理的路径。其次,提高治理效能要采取"自治+共治"的双轨制。再次,重构治理组织要着眼于激发活力。活力其实是指基于需要产生自主行为。最后,治理机制在于利导。在非必要惩处的领域,利导机制的效能优越于惩处机制的效能。

许家冲村的治理模式是在实践中摸索出来的。实践检验,它能够把矛盾消解在基层,效果显著。这也证明这种模式具有活力。由于许家冲村是一个移民村,具有城镇化的特质,它的治理经验对城镇化视域下的乡村治理具有参考与借鉴意义。

第四章 党建引领塑造乡村治理共同体的责任政治逻辑

一、问题的提出

基层治,天下安。基层的和谐与安定是国家和社会可持续发展,实现中华民族伟大复兴的牢固根基。然而,任何社会都蕴藏着矛盾,这些矛盾会在特定的历史背景与时代演进中产生新形式、孕育新风险。因此,社会治理机制就是在多元主体的共同参与下,用科学的治理技术解决矛盾,并且以和谐的社会关系预防矛盾的机制。

党建引领取材于中国共产党从革命到建设百年历程中积累的重要经验。自"支部建在连上"始,党建引领始终发挥战斗堡垒的作用。立足新时代,党建引领是实现有效社会治理的核心要义与本质要求。习近平总书记指出,"社区工作很重要,一是要抓好党的建设,使党组织真正成为社区的领头人,把各方面工作带动起来。"在社会治理共同体的目标之下,学术界针对党建引领在社会治理中的角色、功能与运作等问题产出了大量可资借鉴的成果。从整体意义上看,党建引领体现出"政党组织社会"的国家治理逻辑,并且是一种"去科层化"的调适性变革。从宏观结构上看,党建引领社会治理是"一核多元"合作共治的模式。各地也形成了卓具特色且较有成效的案例,如"党组织嵌入网格化管理""党政权力统合、党委下沉、服务下沉的基层党建与乡村治理有效结合的机制"等。这些案例因时而生、因地制宜,从体系与过程两个维度为建设共建共治共享的社会治理格局提供了思路。

反观现有研究,我们一方面要始终强调党建引领的重要价值与实在功能,另一方面要在党建引领的过程背后追问这样的问题:在无数个社会治理的案例中,党建引领究竟通过何种机制发挥作用。换言之,对于理论生产和创新扩散而言,党建引领社会治理不仅仅要凝练成若干可资借鉴的经验,更应形成一种普遍性的知识,通过一个整体的、系统的框架来解释社会治理背后蕴藏的逻辑。尤其立足于社会治理共同体的目标,党建引领又是如何实现"人人有责""人人尽责""人人享有"的,这正是目前学术界应该进一步关注的议题。

为了聚焦研究主题,本章将立足于乡村这一领域进行阐述。社会治理共同体的基础在基层,基层治理的短板在乡村,乡村治理能否有效运行与乡村的内聚程度和结构功能紧密相连,应当将乡村治理共同体重塑看作当前乡村治理的重要课题。结合田野调查经验,笔者发现,党建引领塑造乡村治理共同体的机制体现了"责任政治"框架,正是在责任这一"中轴"之下,党组织通过发挥引领作用调动起了其他主体,通过"人人有责""人人尽责",共同塑造了乡村治理共同体,并实现了乡村振兴。那么,在塑造乡村治理共同体的过程中,党建引领是如何在责任政治的框架之下发挥作用的,是一个亟须分析与阐释的重要问题。

因此,本章试图将理论和实践统合起来,以湖北宜昌许家冲村的治理经验阐释党建引领塑造乡村治理共同体的责任政治逻辑。本章的行文思路如下:在介绍"许家冲经验"的基础上,提出责任政治的分析框架;随后,基于责任政治的分析框架详尽探讨"许家冲经验"背后体现出的责任政治逻辑,并进一步分析在乡村治理共同体的塑造过程中,责任政治内部的诸要素之间的关系。本章意欲提出的核心观点是:立足于责任政治的分析框架,党建引领社会治理是多重要素共同作用的结果。这些要素有机构成的机制,反映出了责任政治与社会治理共同体之间相互融合的关系。进一步看,责任政治将是构建社会治理共同体的有效路径。

二、案例介绍与分析框架

(一)案例介绍:"许家冲经验"的产生背景

本章将湖北宜昌许家冲村形成的治理经验概括为"许家冲经验"。许家冲村位于宏伟的三峡大坝左岸,距离国家5A级风景区坛子岭1千米,与长江的直线距离500米,是一个因三峡工程建设搬迁形成的"三峡移民村",由原许家冲村、西湾村、覃家沱村合并而成,现隶属于湖北省宜昌市夷陵区太平溪镇。原西湾村属于库区淹没村,全村的房屋、土地完全淹没在水库之下;原覃家沱村为坝区淹没村。从1993年到2000年,为了安置移民,国家将原覃家沱村与西湾村整体后移到地势更高的许家冲村,分批将3个村"合村并组",形成了现在的许家冲村,并且将全村分为4个村民小组。全村总面积6.87平方千米,耕地面积311.7亩,人均耕地面积0.22亩;林地面积1650亩。全村辖4个村民小组,共607户1448人,坝库区移民占90%。

三峡大坝是国家为百姓谋福祉的重大战略工程,但是三峡大坝在建设过程中必然要牺牲一部分群众的利益。大坝建设伊始,浩浩荡荡的库区人口开始移民。宜昌市夷陵区在地理位置、移民人数、移民类型、经济实力上,在三峡库区各地中非常具有代表性。因此,对于许家冲村民来说,"三峡移民"是他们身上难以磨灭的标签。新组成的许家冲村百业待兴,建村伊始面临极为严峻的治理问题。

第一,村民因为失去家园造成了原有社会关系瓦解,熟人社会退化为"散沙社会"。移民因为举家搬迁,家园失落,原来身处的熟人社会被拆解,亟须重新建立关系。"合村并组"后,村民彼此之间并不熟悉,移民的生活方式与生产方式也各不相同,因此许家冲村并没有传统熟人社会的稳定性,呈现出了鲜明的原子化、散沙式的特征。这种秩序瓦解的"制度真空"就成了社会矛盾的温床。

第二,以"官民矛盾""人际矛盾"为代表的社会矛盾极为突出。其一,三峡移民涉及补偿问题,因为不同类型移民所获得的安置补偿不同,故而引发了一系列的矛盾纠纷。例如,库区移民和坝区移民的补偿标准并不相同,补偿落差产生出的相对剥夺感就成为社会矛盾的来源。其二,由于没有先前的政策参照,三峡移民的政策具有"走一步看一步"的特征,政策在制定过程中难免存在衔接不畅、内容冲突等问题。这种政策环境在一定程度上为移民带来了负担,且增加了安置的难度。如此,移民对于政策的信任程度大打折扣。一项针对三峡移民的政策认知调查表示,"对政策公正性的较大支持和对政策贯彻实施的较低认同之间的反差"是移民的普遍心理。这些社会矛盾不仅造成移民群众反反复复的上访,也引发了一系列群众之间及官民之间的暴力冲突。

第三,移民新村的生活与发展问题,百业待兴的许家冲村需要仔细考量靠谁发展、如何发展。新地、新人与新村如何解决当下的吃饭与日后的生计与发展,是摆在许家冲村人面前的另一棘手问题。很多移民因为搬迁产生了生存问题,一旦这一问题解决不好,将酝酿出更为尖锐的矛盾。据粗略统计,许家冲全村1448人只有311.7亩耕地面积,集体经济底子薄,结构单一,青壮年村民大多不得不外出打工,村里人心涣散,宴席大操大办等陋习屡禁不止,乡村发展陷于停滞。很多村民依赖"等、靠、要",严重地增加了政府的负担。

"许家冲经验"就是在应对这些复杂治理问题的过程中凝结而成的。将近30年的发展中,许家冲村旧貌换新颜,不仅过去的社会矛盾一扫而光,还形成了具有本土特色的产业,带动农民增产增收,实现了乡村振兴。许家冲村的治理成果多次受到各级表彰,先后获得"全国模范人民调解委员会""全国民主法治示范村""全国先进基层党组织"等国家级荣誉称号。许家冲村从散沙式社会到和谐乡村共同体,从贫困村到富裕村和生态文明村的进程中,党建引领发挥了极为重要的作用。习近平总书记在许家冲村考察中着重强调了村党支部在帮助农民致富、维护农村稳定、推进乡村振兴方面的坚强战斗堡垒作用。"许家冲经验"不仅体现出党建引领社会治理的工作方法,更构建出了一套实现乡村治理共同体的机制。为了深入挖掘"许家冲经验"的内在逻辑,笔者通过参与式观察与深度访谈深入了解了许家冲村从建村到发展的历程。

（二）分析框架：责任政治的理论逻辑

责任政治旨在描述一种以责任为"中轴"的政治形态，即在政治的场域中，不同主体以责任为互动准则：其一，责任政治中的各主体以负责任的方式相互对待，在彼此联系的状态中，各个主体能够负责任地行动，相应的权责结构、职责界定与究责机制都在这一前提下建立；其二，责任作为政治的中轴在于政治的运作需要依靠责任来实现，责任是政治生活中制度化的行为方式，即责任的落实既需要具体的人来完成，更需要稳定的制度来保证。

责任政治要阐明的核心原则是责任通过哪些要素或者机制发挥作用。立足于这一原则，要构建责任政治分析的框架就需要厘清"责任"的表现形式。在责任政治理论中，责任既是一种观念，同时也是一种结构和行动。具体表现为以下几点。

首先，作为观念的责任是将责任视为社会联结机制，即强调责任是培植社会资本、实现社会整合的纽带。结合制度主义的有关内容，观念层面的责任是制度背后的"文化-认知性要素"。这意味着，不同社会成员通过某种文化或者共同认知协调彼此之间的关系和行动。"地方情境中，随着不断被重复的行动模式逐渐习惯化和客观化，不同的角色就可能且确实得以形成。""角色随着共同理解的形成而出现，因此特定的行动者只进行特定的行动。"

其次，作为结构的责任是定责、履责与究责构成的制度框架，规定了谁应该负何种责、怎样负责，以及不负责任所应受到的制裁或者惩戒。责任政治需要确定权责结构，而权责结构的确定需要区分责任主体与责任内容。结构维度的责任强调了"各安其位""各司其职""相互协同"的原则。在这个意义上，分析乡村治理共同体的塑造机制，就要厘清乡村治理共同体中存在哪些主体，以及这些主体之间的权责关系。只有在不同主体共同负责的情境下，才能够实现"人人有责""人人尽责"，进而形成"共同体"。

最后，作为行动的责任是将责任视为一个不断回应外部环境以及他人的过程，简言之，就是不同的责任主体通过特定的形式来落实责任。如果没有行动，那么责任就是一纸空文，治理效能也就无法被激发出来。"责任的价值只有通过特定的行动才会真正表现出来。治理是一种自主的、内生的过程，通过各类相互影响的行为者之间的良性互动实现，国家治理本身也是一种行动的表达。"需要注意的是，责任政治中的行动是一个"绵延"的过程，即不同的主体会根据外部环境的变化来调整自身的行动方案，不同主体在新的权力分配格局下应及时、主动、动态地调适自己在权责结构中的位置，这也反映了责任政治在治理格局中的理想形态。

研究发现,"许家冲经验"是观念、结构与行动三个要素协同作用的结果。以此为原点,本章将结合"许家冲经验"论述观念、结构、行动在社会治理中的运作与功能。与此同时,本章也将以小见大,进一步分析观念、结构与行动背后所蕴藏的社会治理逻辑。

三、"观念-结构-行动"协同的乡村治理机制

乡村治理共同体的塑造并非一日之功。乡村治理共同体强调"人人有责""人人尽责""人人享有",那么建设乡村治理共同体的关键就是将"人人"凝聚起来。"许家冲经验"中,党建引领贯穿于观念、结构与行动三个要素始终,构建出一个要素之间相互协同、治理效能全面盘活的乡村治理机制。换言之,这一治理机制的核心就是通过观念、结构与行动的三个要素整合人的力量,将乡村治理与乡村振兴化为"共同的事业"。

(一) 观念:以凝聚共识协调利益关系

观念是制度的基石。观念不仅赋予了制度以内在价值,同时也能够在利益分化、偏好多元的碎片化环境中塑造利益的"最小公分母",进而将不同指向的行动整合到同一轨道上来。观念与政治的关系可以化为如下原则,社会的价值观念是特定社会关系中共享的目标、文化、风俗、理念、思维方式,是连接社会的纽带,可以整合人的偏好、协调人的行动,甚至可以塑造与变革制度。

乡土的中国是熟人社会,村民之间的关系稳定。而许家冲村是移民村,移民村的建设过程就是社会重构的过程。移民村的合村并组,给移民在生活方式、生产方式、心理方面带来了颠覆性的改变,各种因素交织其中,社会矛盾异常尖锐。因此,治理初期,许家冲村所需解决的关键问题分为两个方面:一是如何破解由于相对剥夺感而产生的社会矛盾;二是如何将散沙式的人际关系重新整合到一起。

前文指出,由于库区移民和坝区移民的安置补偿不同,所以移民们的心中对政策存在"不公平"的认知。不过就治理现实而言,政策之间的衔接问题已成既定事实,那么如何来消弭群众心中的相对剥夺感就成为化解社会矛盾的首要问题。事实上,三峡移民心中的剥夺感不仅仅在于补偿的多或者少,更深层次在于对三峡工程这一伟大战略的认知模糊以及对未来发展预期的不确定。基于此,许家冲村的治理就是要在移民心中牢固树立起"国家利益高于一切"的思想观念,通过国家利益至上、集体利益优先,个人利益服从国家利益与集体利益的劝导,来转变群众心中的眼前利益。正如许家冲村的一名村民表示:"我就是库区移民,我最开始

确实觉得我们拿到的补偿是不公平的,但是当时村干部反复地劝我们说三峡大坝的建设是国家工程、国家战略,我们不要为了自己的蝇头小利而损害国家建设。我们要知道,国家发展好了,我们的日子自然也就好了。现在你看我们村的收入和环境都很不错,这也算是给了我们另一种'补偿'。"

许家冲建村伊始,以"顾全大局的爱国精神、舍己为公的奉献精神、万众一心的协作精神、艰苦创业的拼搏精神"为内容的三峡工程移民精神遍布村里的每一个角落,移民精神逐渐内化为许家冲村的"公共精神"。虽然人的自利性难以克服,但是自利的个人也可以在特定的政治环境中产生服务于国家与公共利益的公共道德,这种公共道德也是现代社会得以建构与存续的观念基础。在村党支部的反复动员与宣教中,社会矛盾逐渐被化解,群众对政策的认同度也逐渐提升。

除此之外,"许家冲经验"所提供的另一启示是"以文化人",将党建融入当地风俗文化中,通过文化的感染力使群众将公共精神内化,这是重构乡土社会人际关系的重要举措。许家冲村的一名村干部表示:重新把这个村组织起来,文化的作用很重要。我们的宗旨就是,为了让移民"移得出,稳得住,能致富",村党支部一班人必须要发挥党组织的政治优势和制度优势,提出文化建村理念。大家有了共同的文化,就有了归属感,有了归属感,我们这个民心就聚在一起了。

培育多元文化形态,重构多元文化组织,从而重建乡村社会是"许家冲经验"的重要启示。稳定移民,先稳其心。党建引领文化建设是凝聚民心的重要策略。

首先,许家冲村将《党员公约》同当地传唱的渔鼓调相结合,让群众以喜闻乐见的形式牢记党的作风和纪律。并且,《党员公约》的内容并不是恒定的,而是会根据不同年度的国家大政方针与工作重点进行调整。《党员公约》内容从最初有关移风易俗的号召与谋求发展的目标到2021年有关乡村振兴,折射出了许家冲村从建业到富强的振兴进程。例如,最初的《党员公约》的内容是:移风易俗我先行,大操大办带头禁。全心全意为人民,优质服务暖民心。2021年的《党员公约》内容是:党建引领左永强,凝聚人心统思想。团结一心同方向,乡村振兴走在前。渔鼓调唱响《党员公约》已经成为许家冲村党员干部的习惯,一位村干部说:《党员公约》我们平时没事的时候都会哼唱的,这东西已经融入我们的工作和生活中了。我们每年都有新的《党员公约》,这些公约就是我们一年的工作方针与工作目标。总书记来的时候听了我们的《党员公约》,总书记都说"《党员公约》的内容写得很好,渔鼓调很悠扬,朗朗上口。用大家喜闻乐见的形式,使党员干部把党的作风和纪律要求牢牢记在心中,这很好。"可见我们的方法是很接地气,也很有效的。

其次,组建"党员融入式"群众文化社团,在文化宣传和动员中释放"乡愁",进而重构社会关系。为了安抚移民对故土的眷恋,转移对家园的思念,也为了重建社会关系,许家冲村党支部决定组建各类社会文化团体,在文化宣传文化动员中重构村庄社会。许家冲村新建了大量文化社团,包括"腰鼓队""夷陵地花鼓""采莲船""舞狮舞龙队",等等。许家冲村文化建设的特点是以传统文化为主阵地。传统文化代表着群众心中的"乡愁",是群众共同的文化认知,所以传统文化在村庄有着一定的群众基础和比较深厚的文化土壤,特别是非遗传承在当地经久不衰。传统文化在群众心中的认同度高,大家就愿意参与。其中我们党员也在动员群众,让大家积极地参与到各个社团里一起表演,我们也会请专业人士进行指导,让村文化员发挥自身特长,把群众引导到文艺节目中来。

最后,许家冲村也通过建设移民陈列馆的方式来让群众寄托乡愁。移民陈列馆也是许家冲村史馆,具有浓郁的农家小院气息和峡江建筑风格,诠释了许家冲人浓厚的乡土情怀和奉献精神。展柜里展示的有原覃家沱村周代遗址出土的部分文物以及原来的生产工具和生活器具。移民陈列馆还陈列了一幅有历史意义的画。移民想念家园的时候就来移民陈列馆。因此,移民陈列馆成为移民纪念家园寄托乡愁的地方。

观念层面的"许家冲经验"表明,社会整合首先要将不同主体的观念引导在同一轨道之上,通过共同的责任观念来构建制度、引导行动。与此同时,治理不能够忽视文化风俗的作用,将治理的目标、方法、原则融入公众熟悉的文化形式中,能够消弭人的认知与治理内容之间的隔阂,营造出一种心理认同和价值共识基础上的乡村共同体,实现乡村善治。寓于其中的责任便是凝聚民心,培植社会资本。

(二) 结构:以一核多元贯彻三治合一

基层善治依赖于法治、自治与德治的有机统一。"许家冲经验"显示,当党建引领的一核多元治理结构嵌入法治、自治与德治的各项要求中,乡村治理体系才具有良好的制度效能。法治具有基础性地位,任何治理形式与治理方法都不能逾越法律的框架,自治与德治是法治的补充。第一,德治具有润物无声的无成本、低成本功能,能弥补法治高成本、内生性不足的问题;第二,发挥自治协商民主、灵活调整的功能,可以弥补法治刚性、弹性不足的问题,以及德治规则性不强的问题。

在充分尊重法律、遵守法律的基础上,许家冲村建立了由《党员公约》《村规民约》《共富合约》为主要内容的"三约三引"工作制度。其中《党员公约》是基础,以党纪国法为蓝本,通过定岗定责的方式引导党员担当有为,并通过党员践约自评、党员互评以及支部点评的方式激励党员干部尽职履责。并且《党员公约》不仅包含了党的纪律,也包含了每年的工作要点。《村规民约》发挥着较强的德治与自治作用。作为中国乡村治理的特殊传统,《村规民约》以惯习和伦理等形式构建了基层的柔性制度环境,是一种徘徊于正式制度与非正式制度之间的约束形式。在道德约束力之下,乡村的原子化个体通过《村规民约》联合起来了,捍卫了村庄层面上的集体凝聚和团结。许家冲村特别重视《村规民约》的作用,组织村民共同制定简单易行、群众认可的13条规约,内容包括弘扬传统美德、维护邻里和谐、保护公共环境,等等,并通过奖罚分明、广泛宣传等方式促进群众自觉守约、积极督约、主动护约。《共富合约》更多承担着自治的功能,旨在组织群众共建共治,在党支部的领导下,整合公众与社会组织、市场组织,协商决策村庄兴业富民的发展战略。

以"一核多元"贯彻"三治合一"还体现在乡村各类组织的协同治理与相互监督上。许家冲村成立了诸多组织,其中较为重要的是"道德理事会",由乡村中的"能人"担任领导者,发挥监督村务、建言献策、弘扬道德等作用。对于道德理事会的作用,一名村干部表示:道德理事会有章程,由村里的老党员、老干部等有威望的人领导道德理事会。只要有事,道德理事会就必须要参加,提出意见,村里的事情也是我们根据意见修订之后才能做。总之,村里的事儿是不同组织相互监督,这样工作就好开展了。

除了道德理事会之外,许家冲村还拥有不同类型的乡村共治组织,这些组织根据自身功能各司其职,贯彻"三治"。其中比较典型的组织见表3-4。

通过这些组织的名称和性质,我们发现,多元的组织都以自治为主,在自身不同职能的基础上贯彻德治或者法治。不难看出,这些组织涵盖了乡村治理与日常生活的方方面面,从不同角度为乡村治理贡献力量,不同的群众也可以根据自己的兴趣和意愿自愿加入这些委员会或者服务队中。故而,这些组织将各种疏离的社会力量纳入合法的轨道,消解了乡村的离心力,并激发了各种治理力量的活力。并且,这些各具功能的组织也从结构的角度实现了"人人有责"。在党建引领下,多元的组织能够统一到"三治合一"的轨道之上,在共同的治理目标的导引下各司其职、各安其位,进而达到乡村治理的有序状态。一名村干部介绍说:我们这个"一核多元"的治理体系有两大特点。第一个,组织多。我们村有很多村民自发成立的组织,这些组织的功能都不一样,那么村民自己想干什么,就可以参加什么组织,为村发展做贡献。这个核心就是让大家都参与进去,贡献一分力量是一分,贡献两分是两分。第二个,党员必须要参与进去,起到领导作用、模范作用。如果没有党员参与,这些组织也是散沙,就起不到凝聚社会、服务群众的作用。也就是说,只有党员参与、党建引领,各个组织才能够朝向共同的目标做事,才能够保证我们这个基层治理的秩序。

如上所述,结构层面的"许家冲经验"是要通过制度化的手段明确"一核多元"结构中各主体的责任内容,并且这些责任内容要完整地涵盖乡村治理的方方面面——既要囊括政治生活,也要整合日常生活;既要运用正式制度来明确"规定性责任",也要通过非正式制度来说明"规范性责任"。乡村治理的"善治"有赖于"善制"的建设,而"善制"不仅仅有赖于"一核多元"的结构,而且需要结构和不同治理方式之间相互嵌套。换言之,只有治理结构与其所应承担或能发挥的职能相一致,治理效能才会充分地发挥出来。当然,治理结构并不是静态的,而是要根据外部环境的变化加以调整。简言之,组织或者结构的适应性是保持治理活力的核心要素之一。正如许家冲村"三约"的具体内容与工作制度都要根据国家大政方针、村民与乡村发展的现实需要进行调适,不同组织的设立与整合也要以乡村治理的需求为导向。

(三)行动:以责任牵引盘活治理效能

前文谈到,治理是行动的表达,国家治理效能的全面盘活必然有赖于多元主体的行动,所有的治理效能都体现在行动者的效果之中。我们通常强调治理体系的作用,但是治理体系本身并不能自动发挥特定的功能,体系的作用要依靠体系的执行者,也就是人来发挥。所以,在整个治理过程中,人是最为基本也是最为重要的行动者,治理效果好不好,核心在于人的执行力强不强。因此,行动的核心问题是"执行",正如制度理论中有关行动和制度之间关系的研究指出,行动者要能够影响社会,即改变规则、社会关系和使用社会资源,以创造、维持与变革制度。"许家冲经验"中,最为核心的行动者就是党员干部,在党员干部的引领下,其他多元组织和村民个体也成为治理的行动者,这些行动者也在不断地塑造与重构乡村治理秩序,为打造乡村治理共同体、推进乡村振兴贡献力量。

党员干部的积极行动是党建引领的最为直接的动态表达。中国共产党不仅是一个使命型政党,也是一个责任型政党,而责任就是一种行动。在这个意义上,乡村治理中的行动者就是在责任的牵引下执行各项制度。第一,行动者的责任面向党和国家的利益。作为党建引领的践行者,党员干部要把群众个人的私利整合到党和国家利益的轨道之上。如前文所言,许家冲村建村初期的关键任务在于协调移民的利益,劝导移民放下个人私利以服从国家利益。而整个过程必须依靠党员干部的悉心劝导与尽职工作。也正是在党员干部的积极奔走之下,官民之间的矛盾、群众之间的矛盾才能够平息。合村并居初期,村干部面临着严峻的沟通困境,由于村民对移民政策的认知差异,村干部在行动的过程中遇到了很大的阻力,但是这并没有妨碍村干部继续尽职履责。党员干部迎难而上的行动证明自身坚实的责任担当,一名村干部表示:许家冲村最开始的矛盾冲突非常多,老百姓之间的矛盾很容易转移到我们头上。刚建村的时候,我们很多村干部都挨过打、挨过骂。但是这些困难并没有打倒我们,困难越复杂,就证明我们的任务越重要,我们越要认真干、好好干,把群众的矛盾解决好,不给国家添负担。

第二,行动者的责任必须以人民为中心。群众利益无小事,构建乡村治理共同体就要凝聚民心、汇集民力。"只有获得人民群众真正信赖和广泛尊重的制度才具有稳定性和整合力,从而具有制度优势,也才能将制度优势转化为治理效能",而只有对人民负责,人民才能够团结在制度周围,贡献力量。在许家冲村,只要群众有困难、有矛盾,党员干部都会第一时间予以回应。许家冲村的村干部表示:无论什么事情,只要大家有诉求,我们就会第一时间到。然后根据大家的要求或者反映问题的类型,我们派专门部门的人去解决问题。这样问题解决起来才有效率。

为了化解矛盾纠纷,许家冲村按照"小事不出组,大事不出村"的原则,创造性地设计出了"三三制"调解机制。所谓"三三制",就是一般调解三次。分别是由村民小组长上门调解、由和谐调解服务队上门调解、把双方请到村委会在村民跳广场舞的时候由村干部加和谐调解服务队共同调解。这样,村民出于自尊心和身处熟人社会考虑,一般都愿意接受调解。所以在许家冲村,大到意外事故赔偿、土地纠纷,小到邻里纠纷、家庭矛盾,只要群众有需求,调委会都会主动介入化解,把矛盾消解在基层。由于连续多年没有发生群体性治安事件,许家冲村村委会被评为"全国模范人民调解委员会"。

除多元主体行动起来化解基层矛盾纠纷之外,许家冲的村民也积极发掘机会,自觉主动地促进自身发展以及推进产业建设,在"共富"理念的指引下探索乡村振兴之路。党支部充分挖掘当地潜力,调配当地社会资源,充分发挥民间力量,培训劳动力重构职业技能。与此同时,其他村民也根据地方优势发展茶产业,积极开发旅游资源,并结合当地文化以及特产设计出一系列的网红产品。一名受访干部表示:光靠"等、靠、要"是不行的,许家冲村要振兴,我们每个干部、每个村民都是责任人。所以我们要积极地去挖掘我们当地的优势,主动寻找机会、创造机会,发展符合我们地方特色的产业。以我们的旅游产业为例,我们争取各类融资及项目资金 9430 万元,建成群众活动中心、移民陈列馆、"双创"示范街、民宿一条街等"一心一馆四街四园",发展民宿 38 家,带动近 200 人就业,实现村民增收 300 余万元,集体增收 27 万元。

总而言之,行动是践行"共同事务"的责任。不同主体要根据自身的条件与社会的要求行动起来,明确不同主体在转型过程中所担负的职责与应该发挥的功能,实现不同主体的功能互补与对公共事务的"共治"。在这个意义上,党建引领下的乡村治理不能仅靠党员干部的行动,在"一核多元"的结构中,治理效能的全面盘活在于构建一个党员干部领导的行动网络。所以,乡村治理的行动者包括了党员干部、村委干部、村里的"能人"以及其他能够为乡村治理贡献力量的村民。在这一个行动网络中,不同行动者之间的协同解决了"治理他者"与"治理自我"的问题,分担了乡村治理的成本与负荷,同时也在参与中找到了共同体的归属感。因为乡村治理共同体的一项要求就是"发挥人民的主体性,发动群众根据自身的能力参与到社会治理的各个方面。"只有人民参与,才能真正地赋能社会治理。

四、乡村治理共同体塑造中"观念-结构-行动"的关系

乡村治理共同体是党建引领的系统格局,而这一格局发挥效能的前提就是将责任贯穿于治理的不同层次、不同领域与不同过程,因为责任是制度优势转化为治理效能的枢纽。党建引领中,党是最为核心的责任主体,将党建嵌入乡村治理中就是将责任融入乡村治理的方方面面。故而,乡村治理共同体的塑造背后具有深刻的责任政治逻辑,换言之,只有嵌入责任政治中的乡村治理才能够实现乡村治理共同体的目标;乡村治理的各个主体要以责任为原则设置治理目标、设计治理过程,开展治理行动。这意味着,责任是观念、结构与行动三个要素相互协同、发挥作用的基础,观念的设置、结构的确定、行动的展开都以特定的责任为基准。在责任的勾连之下,观念、结构与行动之间的关系可以从以下几个方面来阐述。

(一)观念是治理的价值基准

观念是治理的价值基准,也是结构与行动得以展开的基础,锚定了治理结构与治理行动的价值指向和目标指向。乡村治理的观念整合了对党和国家的责任,同时囊括了以人民为中心的责任。正是"党性"与"人民性"的相互融合,构成了责任政治的观念基础。

首先,观念使乡村治理结构和治理行动统一在同一目标之上。"许家冲经验"表明,党建引领的乡村治理的结构以及行动都服从于党和国家的方针政策以及乡村振兴战略,乡村治理体系的设计以及乡村党员干部的行动都以乡村善治以及乡村振兴为导向。其次,观念具有从宏观到微观的层次性,包含了不同类型的内容,既包含制度层面的规定,也包含道德层面的约束,还整合了地方特有的风俗文化。许家冲村的治理不仅依赖于国家层面的"三峡精神",同时也依靠当地的风俗文化,既让群众认识到国家利益的整体性,同时又通过喜闻乐见的文化形式将治理的目标与内容内化于群众的心中,以文化的形式增强群众对治理的理解度与认同感。最后,观念具有动态性,要根据外部环境的变化加以调适,从而最大限度地满足治理的阶段性目标。

"善治"是一个具有终极性色彩的概念,但是治理却是一个循序渐进的过程。观念亦复如是,治理需要一个宏观的、高层次的价值指引,同时也要根据在不同阶段的工作重点调整具体观念的内容。以许家冲村的《党员公约》为例,《党员公约》并不是一成不变的,而是会根据环境以及目标的变化构建出新的内容,从而指导党员和群众的工作。

（二）结构是治理体系的配置方式与治理机制的运作准则

结构作为治理体系的配置方式与治理机制的运作准则,通过回答"谁承担什么责任"的问题决定了行动者的行动框架,解决的是乡村治理共同体中"人人有责"方面的问题。党建引领下的乡村治理结构具有两个优势。

其一是结构本身的责任性。中国共产党是一个责任型政党,责任融入政党的纲领、组织与行动当中,将党建嵌入国家治理的不同层次与不同领域,为治理的目标、结构与过程注入了责任的要素。如果把组织的层级结构视为组织的硬件结构,那么责任体系就是这个组织的软件结构。正是这样的硬件和软件的有机结合,才构成了一个健全高效的组织体系。失去了党建引领,乡村治理体系的责任性就难以保证。

其二是责任分配的权威性。中国共产党是中国特色社会主义事业的领导核心,也是国家治理的核心主体,只有在党建引领之下,权责分配才能够得到其他主题的认同与服从,并且只有党建引领,多元主体之间的合作才具有稳定性。党建引领的乡村治理体系能够实现党建主导性和自治基础性的统一,赋予了基层党建执政以权威性与合法性为基础的制度优势。在这个意义上,结构本身也强化了责任的观念,为观念提供了坚实的制度基础。

（三）行动是落实各项治理目标的执行过程

行动就是落实各项治理目标的执行过程,虽然受到观念与结构的约束,但本身也可以重塑结构与观念。在这个意义上,行动就是说明"人人尽责"的问题。在责任政治的分析框架中,行动就是指各个主体要充分发挥自身功能,履行作为参与主体的责任。履责以定责为基础,履责的成效则取决于受到何种观念的牵引以及何种结构的激励。在党建引领的"一核多元"结构中,不同主体既服从于党的领导,在统一性的责任牵引下实现乡村治理与乡村振兴的目标,同时也在行动中获得效能感,认识到自己是乡村治理共同体中的重要主体,构建出自身的主体性,进一步激励自身参与的意愿与热情。另外,履行责任并不是盲目地遵循制度与规则,责任履行中也往往会遇到制度触及不到的新问题。因此,借鉴公共行政的行动理论可以发现,履责应该在宏观层面责任的引领下积极地创造新制度与新规则,在责任空白之处突破制度与规则的限制,积极为公众服务。所以,行动者的执行力既是指积极严格地执行制度的能力,也是指根据新问题主动地修正制度与创造制度的能力,能让制度真正地服务于公众,体现出"以人民为中心"的价值向度。

总的来看,党建引领下乡村治理共同体的塑造是责任政治基础上观念、结构与行动协同作用的过程。任何一种乡村治理都要明确"何种观念""何种结构"以及"如何行动"的问题。需要明确的是：一方面，三者的效能只有在党建引领中才会真实地展现出来，因为没有党建引领，三个要素既难以有机整合，也无法体现出党性与人民性的深度融合；另一方面，唯有将三者统一起来，党建引领才能真实有效，治理效能才会被激发出来。因为三者在乡村治理的情境中缺一不可：没有观念就没有价值基准，没有结构就没有制度保障，没有行动就没有制度执行力。三者的关系如图4-1所示。

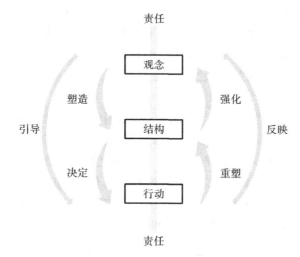

图 4-1　责任政治中"观念-结构-行动"的关系

如果乡村治理共同体中的观念是抽象层面的精神引导，结构是具象层面的制度规范，那么行动就是在应然与实然共同推动下所彰显的执行力。在党建引领下，国家治理才能够坚守社会主义方向以及"以人民为中心"的责任担当，进而培养制度建设所需要的共同理性，并在制度建设的不确定性中提供坚实的引领，通过权威的制度设计构建科学有效的治理体系，并让所有的行动者在制度的框架中行动起来，从而打造一个"人人有责""人人尽责"的架构。而唯有"人人有责""人人尽责"，才能够实现乡村振兴发展成果的"人人享有"。

五、结论与讨论

本章以湖北宜昌的"许家冲经验"为例，分析了党建引领如何实现乡村治理共同体。基于许家冲村的治理实践，本章提出了党建引领下"观念-结构-行动"三位一体的运作机制，旨在提出这样的论断：党建引领基层治理的案例各有特色，但背后都是观念、结构、行动三个要素在发挥协同作用，而观念、结构与行动三者发挥效能的核心在于其立足于责任政治的框架之上。因此，党建引领基层治理的关键在于通过政党将治理中的责任激发出来,使责任嵌入观念、结构与行动当中,将原子化的组织与个人组织起来,进而实现良好的治理绩效。

透过"许家冲经验",我们可以发现,乡村治理共同体背后的责任政治逻辑是通过党建引领具备的推己及人示范效应以及"一核多元"的协同行动网络来构建一个责任本位的社会。只要社会的项制度、每一种事务以及每一个行动者都能在责任的框架下运作或行动,那么整个社会就会实现一种理想的责任政治。换言之,无论是在制度精细、分工严密的社会,还是在制度幼稚、秩序混乱的社会,只要社会中的行动者处处履行责任、时时彰显责任,整个社会的观念与制度就会自觉地朝向"善"的方向转变。

第五章　做强村集体经济的法宝

在党员们的带领下,许家冲村先后成立了双狮岭茶叶合作社、峡江绣女手工合作社,引进全国农业龙头企业萧氏茶业集团有限公司、龙峡茶叶集团,申报并实施许家冲片区防洪工程、许家冲居民点环境改善和产业扶持项目等三峡后续工作规划项目。资金持续落地,让许家冲村经济实力不断提升,村民收入也得到提升,矛盾化解也越来越容易,截至目前,许家冲村年发矛盾纠纷从40多起下降到了2至3起,连续多年未发生一起违法犯罪案件。

一、宜昌双狮岭茶业合作社介绍

宜昌双狮岭茶业合作社是村党支部带领移民致富的典型。村党支部为了推动移民致富,在当时的老支书李文洪同志的带领下,通过做大量工作,转变村民"等、靠、要"的思想,兴办小微企业,带动移民就业,实现了先富带后富,让移民走上了共同富裕的道路。

合作社的创办人望运平,人们戏称他为"上访访出来的企业家"。他是库区移民,以前靠贩卖茶叶鲜叶为生,由于缺乏经验,小本经营的他只能勉强维持生活,经常到村里找村干部诉他穷、诉他苦、诉他没有房子住,多次讨要低保、要政策。在村干部的开导下,他逐渐转变思想,明白只有奋发自强,依靠自己的双手才能真正致富。村干部见他有冲劲、头脑也灵活,便鼓励他在村里办茶叶加工厂,村委会主动把闲置的集体资产免费提供给他办厂用,他自己也四处筹钱,从拎着口袋上门收茶叶到创办企业带动村民发展茶产业,逐步形成"公司＋合作社＋基地＋农民"的经营模式,辐射带动1011户农户种植茶叶。为了学茶叶精制加工,他到河南、湖南、安徽、浙江、四川多地考察学习,茶叶生意越做越大。现在合作社不仅吸纳了88名移民留村就业,还为村集体上交了3万多元资产租用费。

经过多年的滚动发展,公司现有标准化厂房4000多平方米,覆盖标准茶园5000亩,自营专卖店4家,是太平溪镇茶产业发展示范企业,每年可产干茶约200万斤,创产值近3000万元。生产的双狮岭毛尖、双狮岭红茶被中国绿色食品发展中心认定为A级绿色食品,宜昌双狮岭茶业合作社被评为2018年全国基层社标杆社、宜昌市"十佳百强"合作社。

村党支部通过打造过硬党支部,转变村民"等、靠、要"的思想,充分发挥"关键少数"的引领带动作用,培育致富领头雁,发展富民产业,用真心、出真力为移民安稳致富开创出了新路子。

二、"三峡·艾"手绣基地介绍

"三峡·艾"手绣基地,就是谢蓉创办的宜昌市沁邑民俗文化产业发展有限公司用于办公及特色旅游产品研发、制作、展销的场所。

2013年,在村党支部的支持和帮助下,谢蓉组织留守在家、经常在一起跳广场舞的移民姐妹,成立了宜昌绣女工艺品专业合作社,开始自主创业。为了发挥留守妇女的特点和优势,让产品有个性、有市场,她想到了从小耳濡目染,家乡妇女都熟悉的传统"女红"——牵花绣。牵花绣是隐藏在峡江地区的一朵"非遗"之花,有千年的历史,可以说是春秋战国时期楚绣的"遗珠"。不同于全国四大名绣的精致、细腻与华美,牵花绣以棉线为笔,以布麻为纸,淳朴随性,以老百姓所熟悉的花鸟虫鱼、民风民俗等为主要元素,想到哪儿、画到哪儿、绣到哪儿。打个比方,四大名绣如果说是小姐绣,牵花绣则是丫环绣,它有着浓郁的生活气息和乡土风情。"牵花绣"项目于2016年在谢蓉的推动下正式入选夷陵区非物质文化遗产名录。

牵花绣是三峡地区的传统手工艺。大多数妇女都熟悉这种绣法,稍加培训就可以上岗。妇女们在家工作,按件计酬,产品由公司统一推向市场,既能顾家,又能赚钱。在确定以牵花绣的开发设计为主后,经过艰苦的探索,公司逐步开发出了融合三峡地域人文特色的系列旅游商品。宜昌是屈原故里,端午文化的发源地,在这里"一个端午过三次":农历五月初五过头端午、五月十五过大端午、五月二十五过末端午,三次都要采摘艾草过节。基于此,谢蓉和姐妹们将牵花绣与艾草相结合,开发出艾草绣花工艺枕、艾草手工挂件、艾草香囊等特色手工艺产品,兼具实用性和三峡人文气息,开创了"三峡·艾""峡江绣女"等特色品牌。

2018年4月24日,习近平总书记来许家冲村视察。谢蓉向习近平总书记介绍艾草系列的农特产品和牵花秀系列手工产品时,手里拿的是中华鲟手工布艺品(图5-1),该产品得到总书记点赞。

该产品是谢蓉请北京故宫的文创设计师曹小兰设计的。作为著名的设计师,曹小兰当初为什么会推掉手中的工作千里迢迢来到这个小山村呢?曹小兰说:从谢蓉身上可以看到千千万万移民的精神面貌,她的责任感很强,她想通过自己的努力,让生活过得越来越好,在自己有能力的情况下,带动和帮助到更多的妇女,实现更多的就业,让大家能够走向更好的未来,这些让我很感动!

为什么选择中华鲟作为主创对象和元素?设计师曹小兰在三峡实地了解到:

图 5-1　中华鲟手工布艺品

中华鲟是我国长江流域所特有的珍稀物种,是研究生物进化、地质地貌、环境变迁等的"活化石",是国家一级重点保护动物,被称为"水中大熊猫"。每年夏秋两季,生活在长江口外浅海区域的中华鲟洄游到长江,历经长途逆流搏击,洄游到长江上游金沙江一带产卵繁殖。产后等幼鱼长大到 15 厘米左右,成鱼又携带幼鱼出海远行,但在十几年后,当幼鱼成年时,它们又能准确无误地在茫茫大海中找到长江口,逆江而上,完成种群的延续。它们就这样世世代代在长江上游出生,在大海里长大。在洄游一年多长达 3000 公里的跋涉中,它们粒食不进,勇往直前,表现出惊人的耐饥、耐劳以及辨别方向的能力。据研究记述,因中华鲟特别珍稀名贵,国外也希望将它移居自己的江河内繁衍后代,但中华鲟的寻根性,使它即使被迁移到海外,也要千里寻根,洄游回来生儿育女。正是这种执着的回归、寻根的习性,让人们联想到中华儿女爱国爱家、虽身居海外而不忘故土的特质,成为民族精神的一种象征。因此,中华鲟成为三峡地区重要的地理标志性生物。

随着对中华鲟的了解加深,曹小兰觉得中华鲟是一个非常有生命力的产品。中华鲟所特有的这种回归寻根、激流勇进、不屈不挠的精神,跟三峡移民精神高度吻合。中华鲟手工布艺产品可以让三峡移民精神和中华鲟精神物化,于是就有了"鲟梦三峡"手工布艺系列,这些产品寄托着移民绣女们浓浓的乡情以及对美好生活的期盼和祝福。中华鲟布艺挂饰系列还获得了湖北省"湖北礼道"工艺品类金奖。

目前,手绣基地占地 1000 多平方米,基地内部(从左向右)依次设置了产品展销区、销售区、办公区、成品货架区、研发制作区、材料存放区等。这里能同时容纳约 50 人进行手绣加工及 10 人日常办公。

在谢蓉的带领下,宜昌绣女工艺品专业合作社成立了,这促进了牵花绣传习所的建立。目前,传习所已经培养出非遗传承人6名,培训出具有牵花绣技艺的坝区移民妇女近300人。公司通过"基地+农户"的生产模式,带动移民妇女在家灵活就业,目前每月销售订单近3万单,带动近30人稳定就业,近百人居家灵活就业。就业人员平均每月有2000元收入,虽不高,但对这些缺乏专业技能、择业范围有限且要照顾老人和孩子的留守移民妇女来说,这些收入可以说是让她们拥有幸福生活的信心和底气。

除了手绣基地,公司还将民俗文化旅游服务作为发展方向,兴建"三峡·艾"主题民俗酒店,通过旅游服务电商平台,带动移民妇女积极发展农家乐及家庭旅馆,为赋闲在家的留守移民妇女开拓了创业增收、安稳致富的渠道。

凭着对带领移民姐妹们家门口致富的担当、对家乡早日实现乡村振兴的盼望,谢蓉赢得了大家的信任,入了党,先后光荣当选全国妇代会代表、湖北省人大代表、许家冲企业联合党支部书记。

基地创始人谢蓉为移民妇女们点燃了美好生活的希望,同时也把许家报国、无私奉献的精神体现得淋漓尽致。许家冲村正是因为有这样一批甘于奉献和不断奋斗的"能人"、党员干部,才会有今天的美丽与美好。

三、萧氏茶业繁育基地介绍

夷陵区是湖北著名的"橘都茶乡",可以用"东部柑橘西部茶"形象地描述夷陵区现代农业布局。

进入新时代,跨入新发展阶段,农业农村现代化该向哪个方向走?党的十九届五中全会指明了方向,要"强化农业科技和装备支撑,提高农业良种化水平"。萧氏茶业繁育基地就是科技强农、提高茶业良种化水平的具体举措。

基地由夷陵区茶叶龙头企业萧氏生态农业有限公司投资兴建,占地300亩,项目总投资2300万元,有1栋综合办公楼、4个茶苗育苗温室,是夷陵区国家现代农业产业园的有机组成部分。

基地对本土茶树品种进行选育优化,以无性系茶树良种繁育为主导,相关技术也获得了国家发明专利。

该技术繁殖的茶树有以下五大优势。一是"种纯",由于无性繁殖的茶树省去了花朵授粉这一环节,避免了不同品种的茶树在授粉时产生杂交影响,品种纯正。二是"质优",因为在扦插的过程中,选取的是枝叶比较粗壮的茶枝,所以培育出的茶苗整株质量也是非常优秀的。三是"便栽",在根系的生长方式上,传统茶树主根粗壮,能深入地下1米多深,几乎没有侧根;无性繁殖茶树主根非常弱,侧根非常发达,呈网状附着在土壤表层,这样不仅有利于水土保持,也便于茶农栽种。四是"高产",传统茶树的产茶周期是3年,但是无性繁殖的茶树产茶周期为2年,从源头上提高了茶叶的产量。无性系茶树比一般品种要增产10倍以上。五是"高效",由于无性系茶树产量高、品质优、生产成本低,其经济效益也比传统茶树高很多。

许家冲村把繁育基地规划在这里,主要有两个考虑:一是对茶企、茶农发挥科技示范作用;二是可以带动一部分移民群众就业增收。

每年入冬,在这里都可以看到三峡移民群众忙着剪枝扦插,将一棵棵小茶苗栽植到一个个穴盘的"小方格"里,摆放在工厂化育苗大棚内进行恒温培育,以满足来年开春全国各地茶苗订单的需求。基地每年可带动100多人就业,工人95%以上为三峡移民,增收总金额200多万元,很多移民拥有多年茶园种植管理经验。

基地育苗总面积38000平方米,育苗能力为5000万株/年。目前已建成国家现代农业标准化茶园和苗圃繁育基地500亩,福鼎大白、宜昌大叶种、安吉白茶等10多个茶树良种能满足不同客户群体对茶苗的需求,不仅从源头上提升了夷陵区及周边区域茶叶竞争力,也为全国茶产业的高质量发展贡献了重要力量。

中 篇

弭水桥村"磁铁支部"是怎样炼成的

发展农旅特色产业　村民走向共同富裕

第六章 认识丑溪湾里的"金凤凰"
——宜都市弭水桥村

弭水桥村位于宜都市西南,因穿村而过的拖溪河上有一座清代四跨石板桥而得名,辖10个村民小组,796户2402人,耕地面积250公顷(1公顷=0.01平方千米),水域5公顷,森林覆盖率达90%。弭水桥村地理位置优越,交通便利,陆渔一级路贯穿全村,距宜都城区15公里(1公里=1千米)、宜岳高速宜都出口10公里,到宜昌中心城区、宜昌东站、三峡机场车程均在1个小时内。

2014年以前,弭水桥村班子散、经济弱、群众怨,是宜都市出了名的"后进村",干群关系非常恶劣,有一次,村委会牌子被群众扛到镇上去了,说"反正村委会不起梡,把牌子还给你们"。新的两委班子上任后,在结合实际、充分调查了解情况的基础上确定了明确的工作思路:向干部作风要心齐气顺的民风,向班子战斗力要发展的生产力,向绿水青山要金山银山。弭水桥人抓住了农旅融合这一机会,大力推动农旅融合,发展乡村旅游经济,村容村貌焕然一新,实现了一个后进"三类村"三年实现赶超跨越成先进的奇迹,在宜都乃至宜昌市形成了民富村强的好形象。村党总支连续三年被镇党委表彰为"五星级"党组织、"先进基层党组织",2015年,弭水桥村被省林业厅命名为"湖北省绿色示范乡村"。截至2016年,弭水桥村连续两年获评宜都市文明村。

一、突出特色抓目标定位

近年来,在镇党委、政府和市旅游局的大力重视、支持和帮助下,弭水桥村结合实际,充分利用和挖掘本村旅游资源,按照"全域旅游"思路,建景区(点)、抓服务、引游客,形成了"组组是景区、家家户户是景点、人人是游客的"乡村旅游格局,为旅游名村创建工作奠定了坚实基础。

(一)规划先行,彰显特色

弭水桥村坚持"保护优先,开发有序;先规划、后开发"的原则,根据《宜都后山片区旅游规划》《宜都市五眼泉镇旅游发展总体规划》,制定了《弭水桥村旅游发展规划》,确定了"一区两园"的旅游产业发展思路,即依托"两溪两桥"(拖溪、丑溪、弭水桥、望佛桥)山水峡谷和乡村自然风光(图6-1),全面开发三峡九凤谷景区;依托主导产业,打造千亩高效茶园和千亩精品柑橘园,做大做强乡村生态旅游产业。

图6-1 弭水乡村风光

(二)立足实际,盘活资源

弭水桥村地理优势得天独厚,拖溪、丑溪穿村而过,丑溪名字虽"丑",风景却极佳,站在樟树包高处俯瞰,村内高山、丘陵、平地相间,小桥流水随处可见。村内山林14070亩,百年古藤、野生栾树群、冰臼散布各处;有形态各异瀑布9处、大小溪流14处、跨溪石桥9座,峡谷清新、泉水甘洌;还有紫薇花园800亩,四季可观花海(春观樱花紫荆、夏赏月季紫藤、秋品紫薇红叶、冬探蜡梅山茶)(图6-2)。除水体、地貌、花卉景观外,还有鲜明的人文景观,其中古桥遗址、美食文化、手工艺品、古村落等均已经纳入村级旅游资源名录。

(三)狠抓乡风,提升素质

在发展旅游业的同时,弭水桥村始终把凝聚民心、打造文明乡风放在重要位置,大力提升文明素质与旅游繁荣的匹配度。通过寓情于景、图文并茂的形式手绘出以"忠、孝、礼、义"以及爱国、农居生活等为主题的富含深意的代表性文化墙30面,弘扬社会主义核心价值观。坚持每年评选"五美之星"(五美即勤、孝、净、

图 6-2　盘活景观资源 吸引八方游客

诚、和),将群众公认的"草根明星"评选出来,以多种形式礼遇"五美之星",通过典型带动,营造和谐乡风(图 6-3)。

图 6-3　弭水桥村文化墙

二、依托资源抓核心产品

(一)夯实基础,抓旅游设施建设

为切实打通旅游通道,弭水桥村极力争取上级支持,获得市委、市政府投资

2000余万元,修建了长6.2公里、宽8米的彩色公路,并配备了2米宽的自行车道(图6-4)。彩色公路直接通往村内的三峡九凤谷景区,也拓宽了丑溪区域的对外通道。

图6-4　弭水桥村彩色公路

弭水桥村还先后完善了村级、九凤谷景区导览图设置;协调了市内外交通标识标牌设置;将村规民约、讲文明树新风公益广告覆盖到组到户;规划兴建了5处旅游公厕;建设了大型生态停车场(可同时停车550辆以上);不断完善水电路等设施设备,使村村响广播进村到组,户户通晴雨路覆盖率达90%以上,40%农户安装网络宽带,85%以上农户具备网络接入条件,全面完善了文明旅游、安全提醒、生态保护等宣传提示标牌得到。

(二)突出优势,兴旅游拳头产品

弭水桥村招商引资和全力扶持的三峡九凤谷景区的兴起和发展,引领了弭水桥村的蜕变。充满惊奇和挑战的三峡九凤谷每天都有不一样的惊喜,仅2018年清明节和五一小长假,接待游客就达4万人。弭水桥村以三峡九凤谷为拳头,紧密抱团,不断提升自身在三峡地区乡村旅游的影响力;依托"金拖溪、银丑溪"这一响当当的地域优势,打造山水休闲度假旅游品牌;借助紧邻道家圣地梁山、胡敌故里拖溪村、廊桥文化村望佛桥的优势,做好旅游融合文章,积极打造三峡地区乡村旅游和民俗旅游的目的地村。

(三)依托景区,造旅游宣传声势

为提升旅游知名度,弭水桥村以三峡九凤谷为平台,先后举办了三届紫薇花节、紫荆花节,承接了宜都市文化艺术节、端午文化节、中国长江骑行节等大型旅游活动和赛事;被宜昌市旅游委纳入宜昌市乡村旅游目录;2016年,中央电视台英语新闻频道《旅游指南》栏目组到弭水桥村拍摄旅游专题片,将其历史文化、风土人情和秀美山川向海内外推介。弭水桥村还通过发放宣传单、组织开展志愿服务活动等各种手段,促进全民参与旅游名村创建、支持旅游产业发展,增强群众对创建工作重要性的认识,营造良好的创建氛围。

三、围绕产品抓协调服务

发展旅游,目的是实现民富村强,首先是要得到群众的认可,引起共鸣,弭水桥村始终坚信发展旅游能斩断弭水桥村的"穷根",共同致富奔小康,展现社会主义新农村的良好风貌。

(一)争取群众支持,力抓项目服务

方向明确后,村两委坚持把旅游项目服务放在第一位,及时解决建设中遇到的问题和困难,确保各类项目顺利实施并尽快发挥效益。2014年初,弭水桥村引进宜都市三川生态旅游开发有限公司(简称三川旅游公司),对丑溪(九凤谷)进行开发。九凤谷项目共征占、流转土地490亩、山林832亩,村民主动放弃土地征用及青苗补偿,积极配合,30天内全部达成协议。6.2公里的旅游公路项目,由原来的4米扩到8米,需新征地40亩,村民主动放弃各项补偿全力支持建设,不到1周征地工作就完成了,项目得以快速推进,也直接引来了市政府2000万元的投资。美丽家园项目,因为群众的支持,也引来了市政府三年300万元的资金支持,完成庭院"四化"(美化、靓化、净化、文化)改造100户,相关经验经市委《参阅件》,在全市推广。

(二)探索新模式,突出农旅互动

九凤谷项目启动后,弭水桥村与宜都市三川生态绿化发展有限公司(简称三川绿化公司)达成发展意见,按照"先改善环境,再合理发展"的步骤,对九凤谷区域千亩农田进行美化绿化,采取"公司+村委会+基地+农户"的合作模式,由三川绿化公司出资出苗,村委会和农户代种代管,以套种形式在茶园定植紫薇苗木800亩,形成山边有茶、茶中有林、林中有花、花中有溪的格局,推动了景区大环境建设。弭水桥村还向200余户村民免费发放7000余株水果树苗,既增加了景区观赏价值,又提高了群众收入。

(三)找准创收点,实现富民强村

弭水桥村立足与景区合作全方位、互助共赢的思路,打造景村、景民深度融合

发展模式。一是景区土地年固定租金收入10万元;二是以土地租赁流转方式入股九凤谷景区,门票收入2%归村集体所有,村集体年增收在40万元以上;三是村民代种景区花卉苗木13.7万余株,村民每株得5元,村集体得1.2元管理费,村集体年增收17万元;四是群众增收渠道多而广,例如土地流转490余亩,租金收入30万元,苗木代种收入70万元。景区周边新开办农家乐20余家、商铺4家,按每年接待游客超过10万人次,带动农户增收超过500万元。同时,农家乐的发展还带动了周边农户土特产的销售,农民增收渠道进一步拓宽。

四、旅游扶贫成效明显

拳头景区九凤谷的兴起,真正让弭水桥村凤凰涅槃,实现了翻天覆地的变化。群众说,过去是:"住在丑溪口,山里的女子往外走,找个媳妇子家家愁。"现在是:"家住丑溪口,八方宾客这里留,城里的姑娘来哒不想走。"

(一)建设丑溪易地扶贫安置点

在精准扶贫过程中,弭水桥村着眼产业扶贫的长远规划,将精准扶贫易地扶贫集中安置点选址在景区附近,着力依托旅游产业的带动帮助贫困户脱贫,集中安置精准扶贫户14户33人。

(二)农民就近就业成为现实

景区以及周边农家乐的员工中,有27人是在册贫困户,有2户精准扶贫户通过开办农家乐实现脱贫。景区维护用工、花卉苗木代管、农家乐服务,为本村及周边农户提供近200个就近就业岗位。

(三)生态民俗体验馆助力精准扶贫

弭水桥、拖溪、望佛桥三个村携手合作,在丑溪精准扶贫集中安置点附近,投资150余万元,规划建设生态民俗体验馆,为集中安置点的精准扶贫户提供直接就业、创业机会,真正让贫困户搬得来、留得住、能致富。

五、创建工作不足及下一步目标机遇

弭水桥村旅游业近年来虽然取得了较快的发展,旅游发展的氛围也日趋浓厚,但离上级要求依然存在着一些差距和不足,主要表现在两点:一是由于近年来弭水桥村旅游业迅猛发展,游客井喷式增加,停车场、旅游公厕等建设稍显滞后;

二是由于当初对乡村旅游形势预估不足,原有通村公路设计过窄,标识标牌等配套设施有待进一步完善。

2017年,宜都市"两溪两桥"旅游环线(共计15公里)项目已全面启动建设,五眼泉镇胡敌文化广场启动建设、望佛桥村整村旅游开发项目签约落地,将弭水桥、拖溪、望佛桥三个村的乡村旅游资源有机整合连接,为弭水桥村旅游发展带来了更广阔的发展空间。弭水桥村将以此次旅游名村创建为契机,继续推动乡村旅游发展,全力打造实力强、百姓富、生态美的社会主义新农村。

第七章　解读磁铁支部的构造密码

短短三年时间,宜都市五眼泉镇弭水桥村实现了从空壳村到集体经济年收入突破80万元的蜕变,呈现出村强、景美、民富的新面貌;先后被评为"宜昌市先进基层党组织""宜昌市文明村""湖北绿色示范乡村""湖北省旅游名村",入选"宜昌市第二批法治示范点"。"三类村"的嬗变,来源于磁铁一样的党支部,来源于好支书带出好班子、好机制营造好环境,核心在于一个有信仰、有担当、有情怀的好书记,有一套管用好用、简便实用的工作法。

一、讲规矩,聚心气,首先还要自己过得硬

组织的公信力就是最大的凝聚力。打铁必须自身硬,作为村书记,首先要有一个"好身板",要能够以身作则,以上率下。

(一) 严格守规矩

没有规矩不成方圆。在2014年村级组织换届中,创业能人刘大卫全票当选为村党总支书记。面对治理基础设施落后,无集体收入,干群关系恶化的乱摊子,刘大卫上任后就定下三条规矩。

一是群众反映的事半个小时到场,能办的马上办,不能办的解释清楚。一个深夜里,刘大卫接到村民王成望的举报电话,说十组有人电鱼。30分钟不到,刘大卫就赶到现场。他沿着丑溪河上上下下,打着电筒找了一个多小时,把躲在林子里的人逮到了。像这样的例子数不胜数,新班子上任以来,共接到群众反映100余件,全部在半小时内赶到现场处理,群众均得到了满意答复。

二是公家钱不乱用。财务必须公开透明,工作餐也要"各吃各的"。村里的会计手里有本"精细账"。有时候村干部因工作忙中午来不及回家,就合伙在食堂做饭。会计会将饭钱算得清清楚楚,就餐干部用餐后按照AA制付费。

三是执行政策一碗水端平。村里在评低保时,刘大卫的幺妈袁道菊提前给他打招呼,希望能得到照顾。但刘大卫严格按照低保程序执行,导致袁道菊在没有评上后还到民政局去举报他。

随着三条"铁律"的制定和执行,干部的作风转变了,干群关系改善了,形成了

心齐、气顺、风正、劲足的局面。

(二) 凡事带头干

俗话说得好,"干部带了头,群众有劲头"。新班子走马上任伊始,为了改变村民对原村班子不信任、对新班子持怀疑态度的问题,刘大卫说了一个字,那就是"干",要让群众对新班子看到希望、看到信心。刘大卫一上任就向村民公布了自己的手机号,表明手机24小时不关机,随时为大家服务。有村民打电话来反映原马鞍石小村路难走、出行难,他协调运来两车碎石,带头动手和泥、铺路……他的电话就是一部24小时畅通的"热线电话"。

在他的影响下,村里3名总支委员、2名村委会干部、3名后备干部,都将自己的手机号码向村民公开,随时为村民服务跑腿。2015年7月10日夜晚11点,正在村委会值班的村主任李六益接到电话,二组有3户人家的屋里进水了。李六益挂了电话就开车冲入大雨中,等他赶到时,孙德鑫屋里的水已淹过膝盖,板凳、鞋子都漂了起来。老人左手拿着衣服,右手提着被子,站在堂屋里不知所措。李六益扶起老人往外走,又与闻讯赶来的村民一起,把一个屋场的另外四位老人都转移到地势较高的村民家。而就在20天前,他刚刚被确诊为早期白血病。

组织的公信力就是最大的凝聚力,村干部的"带头干"召回了群众对村级班子的信任,提升了支部的公信力。

(三) 遇事多商量

在规范民主管理方面,做到有事多商量、有事好商量、有事会商量。刘大卫离家二十几年后重回家乡当村书记,刚上任时完全不熟悉村里的现状。与他搭班子的是村里花园茶厂老板李六益,李六益常年待在村里,在村民中人缘较好,对村前村后各家情况门儿清。这对互补的核心组合,形成了弭水桥村发展的驱力。刘大卫走访、定措施、拿方案,首先和李六益商量。

在熟悉村内情况后,刘大卫也绝不搞"一言堂"。他坚持增强工作的透明度,把群众的事当事,大小事情不出村。像修晴雨路,讨论村"一事一议"项目,他都和村民代表、两委班子有商有量,形成统一意见后再做。就这样,村干部形成了一种合力,工作开展就顺利起来。

二、真尊重,多激发,是铁是石都能起作用

工作上依靠群众,但工作落实上要依靠党员、党员骨干、党员干部。刘大卫始终做到尊重党员、教育党员、关心党员,主张发挥党员作用,推动各项政策、工作落

地落实。

（一）真尊重，找到每个党员的闪光点

刘大卫刚上任时，村党组织涣散，党员与普通百姓无异。刘大卫带领村班子对党员进行走访，一一肯定了他们的成绩。刘昌元以前是一个小村的村书记，他在任时修的堰塘美观、坚固，到现在都还在使用。退休村干部张光新为人刚正，说的是"公道话"，大家发生矛盾了爱找他评理。黄元阳在村里人缘好，政策吃得透，总能向村里提出可行性建议……他们的努力被认可，激发了他们为民办实事的积极性，形成了"磁铁"的一份子。

（二）分类别，引导党员发挥先进性作用

村党总支根据农村党员年龄段的不同，分类引导各类党员充分发挥先锋模范作用。为了加强对年轻党员干部的管理，村党总支为他们安排了帮带师傅，通过"老带新"，让年轻党员"跟上脚步"。中年党员干劲足、思维活，村党总支为他们搭平台、给支持，鼓励成立农村专业合作社等新型组织，发挥他们在推进产业发展中的示范和引领作用，"双创"党员代表刘德华、汪德庆等带头创办采摘园、农家乐，带领群众致富。利用老年党员党性强、作风正、经验丰富等优势，鼓励他们做好作风监督，为村级发展献言献策。老党员张严清跟刘大卫提出，小农水工程项目建设需要设置监理。刘大卫与村班子商量后，聘请他当监理，主抓工程质量。从此，那个为村里修路到处奔走集资的"热心老张"又回来了。

（三）使巧劲，正反激发党员活力

在工作中，刘大卫善于找准切入点，"四两拨千斤"，调动党员的积极性。在修建"两溪两桥"环线路时，三组老党员胡学炳不但不支持，甚至在施工队施工时躺在地上打滚。面对周围群众的围观，胡学炳振振有词地说自己正在检查施工质量是不是过硬。刘大卫在党员会上表扬了胡学炳监督修路质量的事儿，并号召所有党员向他学习。之后，胡学炳充满了干劲，不但十分支持施工队的工作，并且真正当起了一名"监督员"。遇到坑洼不平的路，他还会自己动手帮忙补路。

三、家家到，户户落，要把群众当家人

根植于心的群众观念、朴实纯真的群众感情、务实有效的群众方法，这是刘大卫联系群众、服务群众的真实写照。他始终心里装着群众、凡事想着群众、工作依靠群众、一切为了群众。

(一)进得了门事就好办

由于上届班子遗留问题,干群关系一度紧张。刘大卫上任后,带领班子成员开始了村里"史无前例"的大走访,803户,家家到,户户落。为错开村民劳作时间,他们每天下班后才动身,快餐面是他们走村串户的口粮。他们入户后听农户发发牢骚,耐心解释政策,及时化解矛盾纠纷。二组村民曹清对村里怨气最大,刘大卫去他家时,他牢骚满腹:以前到村委会办事都找不到人,反映问题村干部不理不睬……刘大卫给他留了自己的手机号,并向他做出承诺,如果再出现这种情况,可以直接给他打电话或者向上级举报。同时,村班子及时向农户宣传新政策,讲解村发展规划,征求群众的意见,争取群众的理解。村里决定修一条连通九凤谷、本村和省道的生态路,需要100余户让地72亩。由于前期规划解释到位,七组村民谢远清与家人商量后同意无偿让地,并帮忙做同组黄家荣的思想工作……一个星期后,100余户村民全部同意无偿让地。

(二)莫在言语上争输赢

群众反映的事全都要认真听。遇到矛盾纠纷或者群众的不理解时,村两委从不硬讲大道理,他们用感情、用行动、用实惠慢慢软化群众的心。十多年前,弭水桥村在开发一个项目时,需占用五组村民黄衍珍的1亩地。村班子已按照当时征地补偿政策对她进行了补偿。但黄衍珍一直不认可,在漫天要价150万元遭到拒绝后,多次到宜昌上访,成了有名的上访户。刘大卫上任后耐心与她沟通,积极帮她争取政策。五组启动了"国土整治"项目,通往她家的水泥路也修好了。村班子的贴心服务,让黄衍珍放弃了上访,在她的教导下,她的儿子递交了入党申请书……

(三)群众提的事不能没下文

村班子对群众说的事,无不上心,办群众的事,无不尽力。三组组长黄振反映聂家榜没有桥,群众过河不便。刘大卫当即带着干部到现场去看,答应建桥。由于村集体资金紧张,刘大卫带头发起捐款,村党员干部积极响应,并发动社会爱心人士,共募集到4万多元资金用于架桥,极大地方便了群众生产生活,群众将其称为"连心桥"。百姓事,无小事。村民易尤芹向刘大卫电话求助,夫妻二人多病基本无劳动能力,大学毕业的儿子落入传销组织,几年来花光了家里所有的积蓄,整个家庭不知道怎么办……刘大卫赶到易尤芹家,正巧易尤芹的儿子在家,"被洗脑了"的他铁了心要继续出去"创业"。刘大卫与她的儿子推心置腹交谈到深夜3点。后来,她的儿子终于脱离传销组织,重新找到一份工作,让这个家庭看到了希望。

四、精明人，精细账，产业振兴是强村富民头一项

推动产业发展是当前的重要工作，实现强村富民始终是基层党组织的工作目标。"生意人"刘大卫善于捕捉商机，他选对产业，找准路子，山窝窝有了大发展。

（一）高效利用土地

柑橘和茶叶是村里的两大支柱产业，一些外出务工村民的茶园和柑橘园疏于打理。他鼓励发展农业专业合作社，村民以土地入股，充分利用了闲置资源，最终建成500亩茶叶示范园和100亩精品柑橘园。刘大卫从村民处得知苗木公司在村里转，他当即找到该公司洽谈"业务"，最后成功引进三川绿化公司。此后，弭水桥村采取"公司＋村委会＋基地＋农户"合作模式，大力发展花卉苗木产业。三川绿化公司出资出苗，村委会和农户代种代管13.7万株紫薇树，农民每株增收5元，村集体每株得管理费1.2元，以套种形式在茶园定植紫薇苗木800亩，形成山边有茶、茶中有林、林中有花、花中有溪的格局。

（二）开发山水资源

村内有个神秘之地——丑溪峡谷，刘大卫只身探险后认为开发成旅游景点一定有前景。他邀请户外运动爱好者"探秘"，丑溪的美景在朋友圈刷屏造成了很大轰动，引来三川旅游公司投资。刘大卫在与三川旅游公司谈判时，咬定村集体以土地租赁流转方式入股不松口。为了给村集体争取更大利益，刘大卫谈了整整3天，硬是将村集体景区门票收入分配比例从1%谈到2%。国家4A级景区三峡九凤谷的建成带来巨大"钱景"：景区土地年固定租金收入10万元；村集体拥有门票收入2%，年增收40万元以上；村民土地流转490余亩，租金收入30万元。同时，景区的发展带动了周边群众就业、创业，全村现开办农家乐20家、商铺4家、乡村客栈2家，增加就业岗位200多个，每年可为农户新增收入近60万元。

（三）实行区域联动

苗木和景区的发展让村集体"日进斗金"，但刘大卫还不满足，他认为弭水桥村毕竟地方有限、资源有限，从长远看，发展规模受到了限制。而相邻的两个建档立卡贫困村拖溪村和望佛桥村也拥有丰富的旅游文化资源，如果三个村"捆绑"发展，凭借九凤谷和弭水桥"省旅游名村"集聚效应，一定拥有巨大发展潜力。在他的推动下，三村联合九凤谷支部，成立了"两溪两桥"旅游区党委，合作打造民俗体

验馆。200多名党员团结起来,为"两溪两桥"旅游环线建设劳心劳力。环线上的丑溪民俗体验馆、拖溪胡敌纪念馆、望佛桥村廊桥等景观初步形成,预计可带动200多户贫困户自主就业,真正实现区域联动。

五、兴"五美",抓治理,从内到外都要争取好面子

内在美和外在美都要有,那才是真的美。刘大卫既要里子,也要面子,他带着村班子,抓环境治理,建设美丽村庄,抓"五美"文化,推进乡风文明,全面提升了群众的幸福感和获得感。

（一）打造宜居环境

村民关心的事,就是发展大事,就是村班子的"责任状"。腰包鼓了,"面子"也要好看。刘大卫带着村班子做了四件事。一是建设"美丽家园"。探索"四化"(净化、绿化、靓化、文化)标准,重点对农户庭院、公路周边等区域进行"四化"改造。二是开展污水处理。按照农户居住密集度,选取丑溪易地扶贫搬迁集中安置点、三峡九凤谷景区和黄家大稻场作为三个试点,统一建立污水处理池,采用AO生化法,经过人工湿地进行清理过滤,日处理能力达到50吨。三是率先推行垃圾分类。选30户作为垃圾分类试点,每3—5户配置一套可回收和不可回垃圾分类设施,以农户为主体,分类投放,保洁员按时回收,并进行二次分拣,分类收集转运处理。四是启动丑溪流域治理。关停猪场等污染养殖企业,对堰塘、河垱进行清淤清漂。在上级部门支持下,将丑溪区域治理纳入中小河流整治计划。目前,丑溪整治工程正在有序推进中。

（二）树立文明新风

针对村民请客名目五花八门、办酒规模盲目攀比、"人情"礼金水涨船高的现象,刘大卫倡议成立"红白理事会",建章立制,引导群众改变陈规陋习。理事会提倡除婚丧嫁娶和满月酒外,不操办乔迁、抓周、10岁、36岁、升学等各类宴席活动,抵制"大操大办"。在举办宴席前,群众必须向理事会备案,理事会在事中进行监督,并在事后进行验收。为了增强群众的归属感和幸福感,弭水桥村建设了村文化广场、篮球场等群众娱乐场所,打造了健康文明的业余生活环境,先后举办了广场舞大赛、宜都市首届原创舞连枷舞推广赛,连续举办两届紫荆花节、紫薇花节和童玩节等。

（三）涵养文明乡风

民风靠党风引领,党风靠信仰支撑。弭水桥村以"五美四福"家风文化建设为

引领,收集家规家训,制定村规民约,构建和谐大"家"。围绕"勤、孝、净、诚、和"五美文化,以墙面为阵地,手绘弘扬传统美德和时代精神的特色文化墙30面,让农民群众在生产生活中时刻接受文化的熏陶,促进了乡风转变。采取"身边人讲身边事"方式,推选评定"五美之星"。4年来,累计评出镇级"五美之星"5名、村级"五美之星"30名,并以多种形式礼遇"五美之星",通过典型带动,营造和谐乡风。

第八章 "刘大卫工作法"的神奇之处

2018年4月24日,《三峡日报》对宜都市五眼泉镇弭水桥村"磁铁支部"进行了持续深入报道。市委书记罗联峰4月26日做出重要批示,要求全市各地各单位认真学习推广"磁铁支部"先进经验,以弭水桥村为榜样,以"双建"为龙头,充分发挥各级党组织的公信力、凝聚力、牵引力,把工作谋在实处,干在实处,真心为民。为进一步深入学习领会"磁铁支部"的丰富内涵,在全市营造向先进看齐、向标杆学习的浓厚氛围,激发全市各基层党支部、广大党员创先争优的内在活力,为争当全省高质量发展标杆、决胜全面建成小康县市做出更大贡献,市委研究决定,在全市深入推广"刘大卫工作法"和开展向"磁铁支部"学习活动。现将有关事项通知如下。

一、总体要求

以习近平新时代中国特色社会主义思想和党的十九大精神为指导,以加强党的长期执政能力建设、先进性和纯洁性建设、着力提升组织力为主线,以深入学习领会"刘大卫工作法""磁铁支部"实质内涵、结合实际推动工作为重点,以"大宣讲、大对标、大实践"活动为载体,不断增强基层组织政治领导力、思想引领力、发展推动力、群众组织力、社会号召力,为宜都市争当湖北省高质量发展标杆、决胜全面建成小康提供坚强组织保障。

二、活动安排

在全市推广"刘大卫工作法"、开展向"磁铁支部"学习活动从5月开始,至12月基本结束。具体安排是:

(一)以明确"是什么"为重点,开展大宣讲(5—6月)

大宣讲活动结合5、6月支部主题党日,统筹安排落实"四个一"要求,即一次集中学习、一次集中研讨、一次体会交流、一次专题党日。

1.明确宣讲内容

各地各部门各单位组织各基层支部和广大党员系统学习《三峡日报》4月24日关于"磁铁支部"系列报道,以及"爸爸的选择"等相关影像资料,明确"刘大卫工作法"的具体内容、"磁铁支部"的经验做法和精神内涵。

2.创新学习方式

由市委组织部牵头,全市组建"刘大卫工作法""磁铁支部"宣讲组,通过集中宣讲、巡回宣讲等多种方式,宜都网、宜都党建网、宜都党建微信公众号、宜都电视台等多种媒体,推广"刘大卫工作法",介绍"磁铁支部"经验做法。各地各部门各单位党组织通过书记上党课、请宣讲组成员宣讲、观看视频、实地参观学习等多种方式,组织党员开展学习。

3.深入开展讨论

各地各部门各单位党组织通过召开专题讨论会、党委(党组)中心组学习会、党员干部群众座谈会等方式,围绕"刘大卫工作法""磁铁支部"的精神内涵是什么、我们要学什么、我们的差距在哪里、我们要怎么做等问题,开展专题大讨论。全市举办向"磁铁支部"学习征文大赛,在宜都网、宜都党建网、宜都电视台开设《向"磁铁支部"学习"大家谈"》专栏,及时报道各地各部门各单位党组织开展学习讨论活动情况及工作成果。在全市广泛开展学习讨论基础上,总结"刘大卫工作法""磁铁支部"的核心内涵、精神实质。

(二)以强化问题整改为重点,开展大对标(5—12月)

1.深入查摆问题

各地各部门各单位党组织自觉坚持问题导向,结合支部主题党日,组织各基层支部和全体党员对照先进,深入调查摆在党性修养、宗旨意识、群众工作方法、工作作风、工作标准、敬业精神、发展成效等方面的突出问题,自觉把思想摆进去、把问题摆进去、把自己摆进去、把工作职责摆进去,自觉找差距、补短板。

2.抓实问题整改

各地各部门各单位党组织自觉把突出问题整改贯穿始终,结合基层党建,全市推进克难攻坚年各项工作任务,单位党组织领导班子及班子成员个人对标列出问题清单,针对性提出整改措施,明确责任人和完成时限。党员个人条目式列出问题清单,制定整改措施,真正做到对标整改、对标提升。

(三)以落地落实推动工作为重点,开展大实践(5—12月)

各地各部门各单位结合2018年度目标任务,把深入开展向"磁铁支部"学习转化为改进工作、推动发展的强大内生动力,按照"谋在实处、干在实处、走在前列"的要求,引导全市党员干部对标加压,围绕解决发展中的困难和问题,撸起袖子加油干,以争朝夕、争作为、争一流的干劲,推动各项目标任务高质量完成,真正把"刘大卫工作法""磁铁支部"核心内涵、精神实质落实在具体行动上,落实到各项工作中。全市树立一批创先争优的先进典型,曝光一批学习不深入、推动工作不力的负面典型,引导全市党员干部自觉向先进看齐,自觉把工作做好。

三、组织领导

(一)强化组织保障

全市推广"刘大卫工作法"、开展向"磁铁支部"学习活动由市委组织部牵头,成立工作组,由市委常委、组织部部长邹青松任组长,乡镇、街道和市直相关部门分管负责人为成员,负责统筹协调学习活动的组织实施。各地各部门各单位把学习活动列入重要议事日程,进行专题研究部署,采取有力措施,推动学习活动取得实效。

(二)抓好统筹结合

各地各部门各单位自觉把学习活动融入中心工作、发展大局,融入"四学一争",招商引资,项目建设,精准扶贫,创建国家森林城市、卫生城市等具体工作中,做到与中心工作同谋划、同部署、同落实、同考核,推动学习活动深入开展。

(三)加大宣传力度

全市上下加大宣传力度,通过新闻媒体、网络平台和信息专报、宣传栏等宣传媒介,进行全方位、多层次宣传报道,全面展示"大宣讲、大对标、大实践"活动的开展情况及成效,营造浓厚氛围,确保活动深入人心、影响持久。

(四)强化督办考核

市委整合各督察组力量,对各地各部门各单位开展"大宣讲、大对标、大实践"活动情况进行督查,及时通报相关情况,对组织不力、敷衍塞责、效果不好的进行严肃批评、严肃问责。各地各部门各单位从严从实开展学习活动,不走过场,务求实效。

四、新闻报道

带好头,成为行家里手

(记者李纵 柯仲甲 范昊天)党的十九大报告指出,要不断增强党的"群众组织力"。基层干部只有和群众坐在一条板凳上,倾听群众的真心话,才能真正体察疾苦,掌握实际情况。基层干部如何当好体察民情的"大脚掌"?如何增强带领群众能力,把群众动员组织起来齐心谋发展?记者日前在广西、黑龙江、湖北等地走访调研。

……

群众心气不顺时
干部行为严一步

记者在调研时发现,主心骨强不强,大不一样;班子管得严不严,大不一样。

湖北省宜都市五眼泉镇弭水桥村,几年前是全市出了名的"后进村"。村委会的牌子曾被村民摘下扛到镇上去,"反正村委会是摆设,把牌子还回去。"干群关系一度很紧张。

2014年,在外做生意的刘大卫回村,当选为村党总支书记。如何把群众凝聚起来?刘大卫决定先从班子抓起。一上任,他就定下三条规矩:村民有事,干部必须半小时内到现场,能办的马上办,不能立刻办的讲清楚说明白;严格执行财务管理制度,工作餐也得"各吃各的";密切联系群众,组织村干部开展民情大走访,了解群众需求。

村里四组到八组的路,"雨天一脚泥,晴天一身灰",乡亲怨气不少。又逢雨天,问题反映上来。刘大卫接到电话,按照自己定的规矩,10分钟内就赶到现场察看。

经过协调,第二天一大早,两车碎石运来。没喊人,刘大卫就开始自己动手和泥、铺路了。一些村民站在旁边看,"多少年没修好,他能修好?"一两个小时过去了,刘大卫还是干劲十足。围观村民越来越多,开始有人撸起袖子,上前帮忙……

没几天,水泥路通到了门口,乡亲们个个竖起了大拇哥,"半小时到现场、能办的马上办,规矩真管用,这任干部真行。"

"落实工作餐制度""一件一件小事紧着办"……3年多时间,班子威信树起来了,人心也慢慢收拢了。弭水桥村有一处壮观的原始峡谷,村里决定与企业合作打造三峡九凤谷景区。"一开始我还是蛮为难的,光配套旅游公路就要征地70亩。要村民拿地,怕是难搞。"刘大卫说。

没想到,这回村里通知9点开会,8点人就到齐了,还没等刘大卫说话,村民王仁海就说:"刘书记,上次开会说种紫薇,没来开会的人都后悔了,这次你说怎么搞就怎么搞,都听你的!"

如今,该景区项目快速推进,三峡九凤谷已成为国家4A级旅游景区,游客突破20万人次,每年为村集体带来50万元收入,还直接帮助200多名村民就近就业。现在的弭水桥村,"空壳村"的帽子甩进了大江里。

"定规矩、守规矩,说办事、就办事,老百姓就认这样说话算数、能解决问题的干部。有了这样一批干部,不怕有人说风凉话,日久见人心,用成绩说话,大家一定会跟着干。"刘大卫说。

(《人民日报》2018年2月11日4版)

弭水桥村"磁铁支部"凝聚发展力量
领七百村民"闯路" 引三百"游子"返乡 三类村四年变先进

本报讯(记者 曹阳、陈璐 通讯员 朱灿义)"多亏哒刘书记,把村里搞得这么好,我这回再不得走了!"2018年4月23日,宜都市五眼泉镇弭水桥村村民黄华回到离开十几年的家乡。看到村里旅游火,他准备回来投资建设蔬菜加工厂,把土特产卖给四方客。

近两年,弭水桥村已吸引300多名在外务工人员返乡,其中像黄华这样的创业能人就有58个。

四年前还是宜都排名靠后的"三类村",何来吸引力?从2017年的成绩单"可见一斑":村集体经济年收入由0增长到81万元,村民人均年收入达19186元,较四年前增长86.8%,"三类村"四年变先进。

村里的老党员张严清一语道破数据背后的关键:"一个好支部,聚拢一方人。我们村的支部就像'磁铁支部'。"

2014年,从弭水桥村走出去的宜都市龙腾矿业有限责任公司总经理刘大卫,应乡亲们请求,辞职回村角逐村干部,全票当选村党总支书记。

镇党委书记周治回忆,四年前的弭水桥村欠下13.7万元外债,基础设施落后,干群关系恶化,连村委会的招牌都被群众摘了。

上任第一天,面对6张"刻"有老百姓"拳头印"的办公桌,刘大卫郑重地对班子成员说:"总支不强,群众就没希望。"他定下规矩:党员干部要时刻想着群众,村民有事,干部必须半小时内到达现场。凡是村级发展决策,事先必须走访听取群众意见。

"我们150户,祖祖辈辈打赤脚过河,什么时候可以有个桥?"账上没钱,刘大卫带头并发动党员干部及亲朋好友捐款4.6万元,在拖溪河上架起了连心桥。

"猫子洞这条路,骑摩托车都易摔跤,你们管不管?"接到电话第二天,全村党员干部集体上阵,一锹一锹把路填平。

"水已经漫到屋里了,怎么办?"晚上11点,接到群众的求助电话,村主任李六益拖着带病的身体,立刻开车冲进大雨中……村民说,这个班子是真搞事的。

班子成员电话24小时开机,现场30分钟赶到,四年如一日;遍访803户农家,收集村级发展意见1000多条。

真正让基层阵地筑牢在百姓心中的,是发展成效。为了找对产业发展路子,刘大卫和其他支委连续7个月进丑溪、爬竹根坡,勘察当地独特的旅游资源。最终吸引三川旅游公司投资5000万元建起国家4A景区——三峡九凤谷。村集体年增收50万元以上,700多名村民从产业发展中获益。

弭水桥村的发展,让周边两个贫困村的农民眼热心动,"我们也想跟着刘书记绣个'富边子'",182户村民无偿让地127亩,支持连通三村的旅游环线建设。

(《三峡日报》2018年4月24日1版)

丑溪化蝶"九凤谷"
——弭水桥村党总支的"磁力"探秘

(记者 陈璐 曹阳 通讯员 胡文渊)四年前,五眼泉镇弭水桥村在宜都市127个村中排名垫底,路不通、水不净、电不稳,村集体负债13.7万元。村里会开不拢、事办不成,"一半人在外务工,另一半人想着搬离。"

如今的弭水桥村,一跃成为宜都市排名前十的先进村,村集体的账上有了80多万的收入,村民人均年收入达19186元,较四年前增长86.8%,300多名在外务工人员回流,加入乡村振兴的行列。

2018年4月24日,记者走进弭水桥村,探访这个落后村嬗变背后的故事。

"六个拳头印"敲出的警示

再不改,就会失去民心

时间回转到2014年3月,新上任的村党总支书记刘大卫走进年久失修的村委会,目之所及让他至今难忘:6间破房子、1台旧电脑、十几把烂椅子,一到下雨天,天花板上像拧开了水龙头,雨水倾泻而下。尤其让他吃惊的是6张办公桌上留下的"拳头印","群众该是有多大的怨气,才砸下这么深的印记!"

刘大卫回村前任宜都市龙腾矿业有限责任公司总经理,村里的干部为他还原了当年的场景:2003年,四组一片27亩的集体茶园连同200多平方米的茶厂以每年1万元的租金发包给私人。村委会当时承诺,5年后将用所得租金为村里修路、架桥,改善基础设施。可时间到了2011年,已是8年过去,村里基础设施依旧。于是,四组村民张严清的拳头重重地落在了村委会的办公桌上:"你们干部是怎么当的!路呢?桥呢?你们的承诺呢?"

群众的责问声，深深的"拳头印"，让刘大卫意识到：干部言而无信，让群众伤心灰心啊！

怎么办？刘大卫带领班子成员开始了村里"史无前例"的大走访，803户，家家到，户户落。

为错开村民劳作时间，他们坚持每天下午5点动身。都说二组曹清对村里怨气最大，刘大卫就第一个去他家。

第一次，不让进门。甚至从门后抽出一把用锯子改造的刀。

第二次，一言不发。他在稻场里抽闷烟，任由刘大卫自个儿说。

第三次，给把椅子。他拉着刘大卫打开了话匣子。

"到村委会办事找不到一个人，反映问题干部个个不惹起，还经常到镇上吃吃喝喝……"曹清的话，刘大卫一一记下。走访发现，党员干部的作风问题，村民抱怨最多。

一周后，两委班子召开会议，刘大卫指着办公桌说，我们绝不能让群众再加一个"拳头印"。他当场定下三条规矩：村民有事找干部，干部必须半小时内到现场；群众反映的问题，必须件件有回应；财务每月公开，村级零招待。

对此，村民张严清不以为然："换汤不换药。"新班子召开的第一次村民代表大会，他根本没去。两周后，刘大卫来四组走访，征集村民对小农水工程项目建设的意见。

"你说的样样都好，只是没有一个监理，不是又要搞到空里啊！"刘大卫刚发言完，张严清便跳出来"挑刺"。"如果你愿意，我们聘请你当监理。"一个月后项目动工，村里果真聘他当监理，主抓工程质量。

"为了老百姓的事，说到做到，我第一次感觉到党总支的言而有信。"张严清说。如今，他成了村里的"管水员"，不仅积极参加村集体事务，还发动村民参与村级公益事业。大家都说，那个十几年前，为村里修路到处奔走集资的"热心老张"又回来了。

大走访中，党员干部搜集的关于水、电、路、沟、渠的问题达100多个。其中，共性的基础设施问题达38个。

解释政策，疏通情绪，搜集建议，一件件办。四年后，村里增加变压器3台，建桥7座，硬化公路27公里，修晴雨路13公里，解决了658户的吃水难题。老百姓当初的所期所盼，已变成眼前的现实。

言必信，行必果，村民的心在聚拢，党总支的公信力在回归。

"八条热线"架起心桥

群众只管发话，干部负责跑腿

"大家好，我是弶水桥的新书记，大家有事就给我打电话，我给大家跑腿……"

这是刘大卫当初与村民第一次见面的开场白。

几天后,就有村民拨通了他的电话。有盼望修路架桥的,有反映电压太低的。一个周六夜里2点,刘大卫接到村民王成望的举报电话,说十组有人电鱼。虽然打了电话,王成望自己都犯嘀咕:"深更半夜,书记不见得会来吧。"没想到30分钟不到,刘大卫真就赶到了。他沿着丑溪上上下下,打着电筒找了一个多小时,终于把躲在林子里的人逮到。

刘书记半夜起来"捉贼"的事,很快在村民中传开了。从那以后,再有人电鱼,村民就主动站出来制止。现如今,丑溪里水清清,鱼成群,成为美丽的生态景观。

三年前的正月初八晚上10点,村民易尤芹给刘大卫打来电话,说她大学毕业的儿子落入传销组织,几年来花光了家里所有的积蓄,这次好不容易把他"骗"回来,没想到他还是要走。

百姓事,无小事。刘大卫赶到易尤芹家,与她的儿子推心置腹交谈到深夜3点。后来,她的儿子终于脱离传销组织,重新找到一份工作。

一部热线,一开就是24小时。最多的一天,刘大卫接了163个电话。在他的影响下,村里3名总支委员、2名村委会干部、3名后备干部,都将自己的手机号码向村民公开,随时为村民服务跑腿。

2015年7月10日夜晚11点,大雨倾盆,正在村委会值班的村主任李六益接到电话,二组有3户人家的屋里进水了。李六益挂了电话就开车冲入大雨中。

他知道村里洪水有多凶险。30年前,就是那场突如其来的山洪冲走了他的老屋。从房子进水到冲走,只有五分钟。

等他赶到时,孙德鑫屋里的水已淹过膝盖,板凳、鞋子都漂了起来。老人左手拿着衣服,右手提着被子,站在堂屋里不知所措。李六益扶起老人往外走,又与闻讯赶来的村民一起,把一个屋场的另外四位老人都转移到地势较高的村民家。那一夜,他没合眼,拖着疲惫的身体在洪水中来回跑。谁也不知道,就在20天前,他刚刚被确诊为早期白血病。

班子成员的行动,群众看在眼里。"以后村里有什么事,叫上我一个!"党员张严清的电话也成了一部热线。四年前参加摘掉村委会牌子的刘波,主动当起了六组组长,带头为组里20户修建了通往茶园的水泥路⋯⋯

四年来,有200余人加入到村公益事业中来,"支部为我们办实事,我们也要跟着支部多干事。"

"七个月探险"找到醉人美景
丑溪开始"流金淌银"

"村支部要有凝聚力,最根本的是要带领村民发展产业致富。"上任第一天起,"产业"二字就一直在刘大卫脑海里打转。

不少人三番五次找上门,希望建养猪场、石材厂等,都被他婉言谢绝。丑溪穷在山,但富的希望也在山,"产业再赚钱,村里的环境毁不得。"

2014年4月,一个偶然的机会,刘大卫听说三川绿化公司的老总裴道兵来村里考察过种紫薇苗木的事,便主动找上门去。"要种就是800亩,老百姓能答应?"裴道兵将信将疑。"这两天你就把苗子拖来,老百姓那里,我来做工作!"

户长会上,有人明确反对:"紫薇树不能吃不能喝,到时没人要怎么办?"有人根本不信:"一分钱苗子费不出,栽活一棵每年就得5元,村里还可得1.2元,哪有这样的好事?"

见群众有顾虑,刘大卫胸脯一拍:"如果公司不兑现,我自己掏腰包,绝不让大家亏!"当年,13.7万株紫薇套种在茶园,村民年增收70万元,村集体年增收17万元。

单靠苗木是不够的,刘大卫想起小时候听母亲讲过,说丑溪里有个响水岩,很神奇,就是没几个人见过,能不能在丑溪的山水上做文章?一天,他带着一把砍刀,约上裴道兵,披荆斩棘,溯溪而上,身上划了几道口子,衣服挂了好几个洞,在山上转了半天,竟然迷路了,幸亏一位砍柴的村民带路,他们找到了神奇的响水岩。只见高瀑下坠,水花溅起,响声如雷,如摧金碎玉。这看得刘大卫心动,也有了主意。

刘大卫向户外运动爱好者发出邀请,不到一周,驴友蜂拥而至,丑溪的美景开始在朋友圈刷屏。修简易护栏、凿土台阶、牵绳子,给驴友带路。最多的时候,他一天走了4个来回,前后花了5个多小时。衣服湿了又干,干了又湿。整整7个月,他带领党员干部在山上来来回回跑了近200回。丑溪人气越来越旺,裴道兵终于决定投资5000万元开发。

与此同时,一条通往景区的道路亟待修建。刘大卫上山下山勘察了一个月,最终选择了一条捷径,但这同时又是涉及农户最多、征收难度最大的一条线路。

"刘书记,修路占地,我们不要补偿,一万个支持。"没想到的是,100多户村民无偿让地72亩,不到一周就签订了征收协议。通往景区的旅游公路8个月内建成。

依托景区,村民开办农家乐27家,客栈2家,200多人依靠景区就业创业。以前卖不出的土蜂蜜走俏了,田里的白菜、萝卜都变成游客争抢的好东西。"挨着景区,挖点野菜都能变钱。"村民刘光术说,如今的弱水桥村,支部得力人心齐,有了产业好致富。

昔日丑溪,变成了游人如织的"九凤谷"。

有我们,村庄不一样!

(记者 陈璐 曹阳 通讯员 陈登良)"老朱,还有腊排骨没得?"2018年5月5

日一大早,弭水桥村村民刘发红来到同村的朱启华家,采购土腊肉。这个周末,他的农家乐,又要迎来六桌旅行团的客人。2017年,刘发红在村里支持下开起了农家乐,借着九凤谷的旅游热,他的生意越做越红火。

而就在四年前,他一个人远在厦门打工,80岁的双亲、患病的大哥,全靠他微薄的收入生活,住着土坯房,走着泥巴路,一家是深山里地地道道的贫困户。现如今,一条彩色旅游公路修到家门口,他当上了老板,盖了新房,娶了媳妇,生活发生了翻天覆地的变化。他感激地说:"是刘书记拉了我们一大把!"

而刘大卫却说,是党员干部发挥带头作用,大家团结一心,才建成不一样的村庄。

留下——
退伍军人被拦在"穷窝子"

2014年,刚从部队退伍回来的刘德华,与同学相约去广东做生意,却被二爹刘大卫拦住,"你留下,为村里发展出份力。""别人都鼓励自己的亲戚去好地方,您为什么偏要把我留在这个'穷窝子'?"刘德华一语道出心中的不满。

上一届村两委班子,都是60岁左右的老人,起初村里也选拔了几个年轻后备干部,可总是不到一个月就都辞职了。刘大卫清楚,村里要发展,必须得有年轻人。他决定首先说服刚退伍的侄儿留下。

"一起干!我们是刘家仅有的两名党员!"刘大卫发出了命令。逃不过"党员"的责任,拗不过长辈的坚持,两个月后,刘德华留下了。一干就是四年。

"新一届班子的工作作风,深深影响了我。"刘德华说,支部就像一块吸铁石,在吸引他慢慢靠拢时,也把磁力传递给了他。

一次,村里统计需要危房改造的村民。刘德华负责现场勘察危房的情况。村民谢辉本家,房屋出现开裂,具备危房改造的条件,可是当年危房改造补贴的指标只有6个。"您的3个子女在外有车有房,比起其他群众,条件好得多,指标有限,我们只能从最困难的群众先补起。"刘德华解释。以为是自己没送礼,村干部故意刁难,谢辉本假装讨论房子的问题,从左边的荷包里抽出几张钞票顺手塞进刘德华的口袋。当天晚上,刘德华请自己的母亲把钱还回去。自那以后,谢辉本相信,党员干部说话做事肯定是公平公正的。

看着党员、群众越来越亲热,村里一天一个样,刘德华更坚定了当初的选择。"回来吧,现在村里发展好了,有蛮多创业机会。"遇到同村的年轻人他总是忍不住当起说客。

说归说,没有做出来什么,在外的年轻人怎么会相信家乡有机会?

知道村里要发展休闲采摘农业,刘德华去北戴河学习葡萄种植技术。2018年初,他流转了40亩土地发展葡萄采摘园。看着一个多月前下地的绿苗子,他满怀希望:"等到开园时,一定有更多的同龄人一起回来发展。"

坚守——

大病归来"那里还是我的家"

"别干了,回来好好休养吧。"妻子陈纯兰苦口婆心地劝说,仍阻拦不住村委会主任李六益每天准时去上班的脚步。李六益带病工作两年多,陈纯兰也劝了两年多。

2014年,身为村里花园茶厂老板的李六益在村级干部换届中,高票当选村委会主任,与刘大卫搭班子,一心改变这个"三类村"。"我从村里出去二十几年,刚上任时完全不熟悉村里的现状,很多情况下,我要依仗老李。"刘大卫说,每次走访,每次拿方案,他最先和李六益商量。

2015年6月的一天,刘大卫接到电话,两户村民因为地界的问题发生纷争。情况紧急,还在宜都市区办事的刘大卫迅速联系了李六益。"我今天感觉很吃力。"李六益有气无力地说道。等刘大卫赶到村里时,李六益已经处理完了村民的纷争,一个人站在路旁,捂着肚子,额头上的汗珠直往下掉。第二天,李六益被检查出患上了早期白血病。他的脾脏是普通人的9倍大,稍微碰撞,就会有生命危险。

李六益住进了医院,心却在村里。"景区刚开业,什么情况?"他用电话打听着。出院后,不到一个星期,他毅然回到村委会上班。面对家人的反对,他呵呵一笑:"那里还是我的家,我得回去帮忙。"

刚回村委会不久,就到了防汛的关键期。村两委8个人中,有4位女同志,李六益主动要求参与防汛值班。"不等我,我去抢险了!"2015年7月10日夜晚11点,他在去抢险的途中经过家门口,给妻子打了个简短的电话。

奔波、操劳,却乐在其中,他总说:"支部就是块吸铁石,吸引我坚守阵地。"

开拓——

20年积蓄"搭"在农家乐上

弥水桥村的丑溪,是村九组、十组所在地,三面环山,一条不到两米宽的泥巴路与外界相通。汪德庆与这个村里大多数青壮年一样,常年在外打工。那时候,他最大的愿望就是:挣点钱,一家人搬离丑溪。

让他万万没想到的是,三年前,他竟拿出所有积蓄在这里盖起楼房,办成村里第一家,也是最大的一家农家乐,扎根在这大山里。他说,当初第一个"吃螃蟹",这份勇气来自村党总支书记刘大卫的鼓励。

2014年7月,正逢丑溪驴友探险的高峰期。为了解决驴友"吃饭"的问题,刘大卫找到了从外地打工回来的汪德庆,"老汪,开个农家乐吧。""刘书记,这个穷窝子里,还开馆子?"一阵玩笑后,汪德庆并没放在心上。在他看来,这个深山老林里,没有半点发展前途可言。

半个月后,在村民家吃酒席,刘大卫远远看见了汪德庆,就凑到了他的饭桌上。"办农家乐的要报名了,你是党员,你带个头。你赚钱了,乡亲们自然跟着你搞。""那就试一试。"对于这个回答汪德庆心里没底。

第二天一早,汪德庆还在打扫院子,就接到刘大卫的电话,"开张没?""开张!今儿就开张!"说完,汪德庆搬出了几张圆桌摆在院子里,就着田里的菜,屋里的肉,开始做准备。

中午11点,20几名溯溪回来的驴友到汪德庆家询问有没有饭吃,就这样,村里的第一家农家乐开张了。地道的农家饭与丑溪的美景一道在驴友的朋友圈中刷屏。不久,汪德庆的农家乐,人满为患。5个月后,村里陆陆续续开了27家农家乐。"农家乐就要搞出农家的味儿,东西越'土'越正宗,但是千万要注意卫生……"汪德庆将开馆子的经验一一传授给邻里乡亲。

土屋开农家乐,条件跟不上。很快,汪德庆便拿出打工20年攒下的积蓄,盖起了三层小洋楼,搞好了农家乐的配套,"钱都搭在房子上,我这回是扎根哒。"

(《三峡日报》2018年5月7日2版)

"他们是真心为民的好干部"
——弭水桥村民眼中的"磁铁支部"

(记者 陈璐 曹阳 通讯员 陈登良)"我们弭水桥,自从有了个好书记、好班子,村里真是大变样。"在宜都城区开理发店的张忠勇,一遇到熟悉点的顾客,就忍不住讲起村里的故事。

如果你走进弭水桥村,几乎每个村民都可以给你讲一段。"不拿群众一针一线,这样的村干部,我们只在电视里看到过。""只要是老百姓的事,他们说到做到,不唬人。""没想到,一个被水淹起脖子的弭水桥,被这一帮人救活哒。"4年来,"磁铁支部"用实干改变了一个村的面貌,更收获了民心。

马维清(九组村民,女,63岁):我当时一听说新班子上任了,第一反应就是"又是来混国家钱的",跟村干部沾边的亲戚朋友只怕要占大便宜了。没想到,当年5月,村里在评低保的时候,刘书记的幺妈袁道菊竟然没评上,他的幺妈还到民政局去举报他。当时,我就"转弯了",这班子人,做事肯定公平公正,不优亲厚友。

黄振(三组组长,男,60岁):新班子到我屋里走访,问我对村里发展有什么建议。我就直接说,盼着建座桥。我们周围,150户村民的茶园和山林都在拖溪河对面。一下暴雨就涨水,连妇女都要脱鞋打赤脚才能过去。没想到,刘书记第二天就带着干部到现场去看,答应给我们建桥。不仅刘书记、李主任捐钱,班子里每个人都捐钱,他们还发动自己的亲戚朋友捐钱,硬是3个月把我们这个桥架好哒。

胡建华(三组村民,男,50岁):一次意外,我摔断了脊椎骨,落下了终身残疾。要谋生,我想自己开个小卖部做生意。村主任李六益说,他家在中心位置,人来人往,建议我在那里搞小卖部。后来,他主动在他家旁边给我盖了个小房子,免费借给我做生意。

李云菲(村后备干部,女,28岁):按照正常的工资标准,村书记和村主任的工资应该比我们其他人都高。但是刘书记和李主任主动提出来,把他们俩多的工资均给大家。他们说,年轻人要养家糊口,工资低了经济压力大。在我们班子内部,大家工资拿一样多,村里的大小事,年轻人都平等参加讨论、共同决策。

覃守菊(五组村民,女,55岁):这些天正是我们忙摘茶叶的时候,要去村里办事,我们一般挑一早一晚。早上7点去村委会,没想到门就开了,村主任李六益已经坐那上班了,他说他就晓得这段时间我们忙,早就在那等着在。现在的干部,工作想得这么细,不简单。

杨珍英(六组村民,女,78岁):有一次,村监督委员会主任武诗荣和组长刘波在我们家查看道路和房屋破损情况。眼看中午他们都没吃饭,我就煮了两碗荷包蛋给他们吃。他们就是不肯吃。我反复劝,他们吃下了。走的时候,刘波硬是塞给我200块钱。他们说,刘书记说了,"不能拿村民的一针一线"。快过年了,我请人把家里的腊肉带点给他们,没想到晚上,他们就开车给我还了回来。

刘明业(九组村民,男,70岁):不是为了把弭水桥搞好,刘书记不会放弃生意回来,李主任也不会甩着茶厂不管,他们为了村里,损失了自己赚钱的机会。刚来的时候,大家都说他们是来"捞钱"的,让他们受了不少气。因为老公路扩宽我不同意让田,刘书记大年三十还在我家给我做工作。他们是真心为民的好干部,我们不得不支持。

(《三峡日报》2018年5月9日2版)

脚踏乡土 不负韶华

(通讯员 周治)用不负韶华来形容已近50岁的"磁铁支部"书记刘大卫似乎有点不准确,但是他的一言一行就是在诠释,一个奋斗在新时代的人,不辜负时代的重托、群众的期盼,不辜负能为乡亲办实事的好时光。

我先后在宜都市4个乡镇工作过,接触的村支书中,不乏优秀者,但像这样与群众真正心连心的,刘大卫还是头一个。群众的每一个电话,每一次来访,他都能给予一个暖心的回应。记得他刚到弭水桥村任书记那年,有一天,他开车在路上走,主动停车顺带村里一位老人。得知老人要去30里外走亲戚后,他二话没说,将老人送到目的地。当老人问起他的名字时,他对老人说:"我是刘大卫,新来的村书记,以后有什么事就给我打电话。"我想,这一简单的举动,老人除了感激外,更会对这位初来的新书记产生信任。路上顺带乡亲,并不是刘大卫的偶尔之举。他每次遇到村民,总要停下来,哪怕村民不上车,只是寒暄几句,群众的心肯定也是热乎的。

我与刘大卫共事了近4年,这4年,在他的带领下,弭水桥村从4年前负债十万余元、基础设施落后、干群关系紧张的"三类村"蜕变为村集体经济突破80万元,村民收入大幅增长的先进村。这些巨变,带给了我极大的震撼和惊喜。仔细一想,这跟他工作中的规矩和"土办法"不无关系。

我们常说,"要密切联系群众,要深入群众了解民情",但刘大卫就以"每户必访"这个办法,实实在在做到了。6个月,走访800多户,收集村民的"抱怨"、解开村民的心结,两委班子成员回家常常都是半夜。他们把感化群众、凝聚民心,放在了脚踏实地的走访过程中,民心自然齐了。

弭水桥村近几年飞速发展,刘大卫有很多次投资入股的机会,但他都放弃了。他不是怕亏钱,而是担心群众有看法。从年入千万,到现在自己的产业完全停步,他的牺牲是巨大的。当我依然看到他每天带劲地为村民办事,我就知道了,财富对于他而言已经升华成价值。

不负韶华,他身上干事创业的激情同样感染了我。在许多人选择安逸的年纪,50岁的刘大卫,每天仍然在为村民四处奔波,为村里发展想点子、谋思路,在看到老家的泥巴路、土坯房后,他毅然放弃自己的企业,回乡做事,充满报答桑梓情怀的豪情,没有所谓的官商强强联合,只有一颗热爱家乡的赤子之心和一个带领乡亲早日脱贫致富奔小康的梦想。

刘大卫回乡是能人回乡、能人治村,不仅如此他还网罗了一批能人回乡为村里谋发展。九凤谷的投资人裴道兵、民营企业家黄华、青年后备干部刘德华、李云菲等。就连曾经对村两委完全不信任的茶厂老板刘波,如今也成了六组组长,他成立的茶叶专业合作社,几乎把全村所有的精准扶贫户纳为会员。

从在村民茶园里套种13.7万株紫薇,为农民和集体挣得第一桶金开始,他始终以一种独特的企业家眼光,来经营这个村,创新"公司+村委会+基地+农户"发展模式,昔日无人问津的丑溪,如今变成了游人如织的"九凤谷"。"五一"3天假期,三峡九凤谷游客近2万人,单考虑门票收入提成村集体就增收4万余元,3天4万元的集体收入,搁在4年前的弭水桥村,村民想都不敢想。

刘大卫青年时期入伍,刻苦训练,成为全团标兵,并光荣加入中国共产党。退伍后,他保持着艰苦奋斗的作风,从保安做起,通过在异乡多年不断地努力打拼,苦尽甘来收获成功。部队的训练、党的教育,使他无论身处何地,都自觉遵守法律、恪守诚信,发挥先锋带头作用。在外打拼的经历,使他更能换位思考,更"接地气",能与村民打成一片。弭水桥村的成功,也推动了五眼泉镇各村掀起了"比、学、赶、超"的热潮,如今的五眼泉镇,可谓是"人心聚齐了,队伍好带了"。

(《三峡日报》2018年5月11日2版)

百余村民无偿让地72亩的背后

（记者 曹阳 陈璐　通讯员 朱灿义）"五一"假期,2万多名游客涌进宜都市五眼泉镇弭水桥村的三峡九凤谷景区。

一条镶嵌在青山绿水间、4.5公里长8.5米宽的生态廊道,见证了乡村与景区的热闹。黑色沥青路可供两辆旅游巴士对开,朱红色慢行道可供游客骑行、散步。

生态路虽美,却来之不易。

最难方案:"100余户需要无偿让地"

2014年以前,弭水桥村七组、九组、十组的村民,长期需要步行1.5—3公里到聂家河镇才能到达公路,同时这3个组紧靠着九凤谷。

村里决定修一条连通九凤谷、三组村民和省道的生态路。勘查过后,设计公司提出3个方案。方案一,尽量取直线进山,征地只涉及10余户。"否掉,路如果不能方便群众就没有意义。"党总支书记刘大卫的意见得到两委班子的赞同。

方案三呢,是另一个"极端",弯弯曲曲,经过的户数多,需要100余户让地72亩。"征地成本太高,咱们把路的标准降一降吧,6米也能错车了。"后备干部刘德华记得,当时有人提出降标准,刘大卫咬了咬牙,硬是把8.5米的标准守住了:"这条路不仅管出行,还要管致富。"

3种方案,选定了最难的一种。

最快决定:"3分钟不到就同意让"

七组村民谢远清,是同意无偿让地的第一人。

"2014年9月10号,刘书记到家里来走访,话一说开,我和家里人简单商量了一下就同意了,3分钟不到。"

坐在自家屋场,谢远清身后十几米就是生态廊道,小汽车、旅游大巴不时驶过。他说,那年把六七分茶叶田让出来修路,每年收入少几千块,不过算大账的话,路通了,茶叶、蜂蜜的卖价也高些。

当时,同组的黄家荣思想不通,谢远清还帮村干部一起劝他:"每次你亲戚来玩,还要把车停在聂家河,走几里泥巴路,你脸上有光?"加上子女也在劝,黄家荣一天后就同意了。

让地最多的是50岁的罗圣英,近2亩茶叶全部无偿让出,一年减收几万元。"路不通什么事都办不成,乡亲们肩挑背磨的日子不好过。"罗圣英说,刘大卫当时已经上任了半年,村民反映的大小问题都有回应,办了不少实事。因此,她相信这条路是为老百姓修的。

一个星期,100 余户村民全部同意无偿让地。"田是农民的命根子,村民们无偿让出来是对班子极大的信任,更是重托,开弓没有回头箭!"刘大卫说。

最短工期:"1 年不到就通车了"

2014 年 9 月中旬,修路的第二次专题会上,刘大卫抛出一个问题——72 亩田,每一寸都是群众的血汗,怎么尽快把大家的损失补回来,让大家尽早受益?

讨论热烈,思想得到统一:"道路和景区建设一起搞。"

建生态廊道,钱从哪来?

当时,宜都市启动"美丽乡村"创建工作,财政局实施"竞争立项",每个乡镇每年申请一个村。修路那几个月,专班成员向上争取政策时,将群众齐心协力修路的情况反复汇报。最终,凭"100 余户无偿让地"及背后的群众团结奉献精神,弭水桥村生态路申报成功。宜都市财政配套 200 万元,分两年支持弭水桥村开展庭院美化、污水处理等工作。考虑到生态廊道、九凤谷景区对周边贫困村望佛桥村、拖溪村的辐射、带动作用,宜都市政府又整合其他资金 1500 万元,支持生态廊道建设。

当时的道路建设施工方负责人宋明华说,施工期间,沿路很多村民邀请工人们去家里吃饭,这在他负责的工程中还是首次。

2014 年 10 月动工,2015 年 6 月 20 日通车,当年 12 月完成黑化、亮化、绿化,弭水桥村生态廊道建设刷新了五眼泉镇 10 年来道路建设的最快纪录。

(《三峡日报》2018 年 5 月 14 日 1 版)

弭水桥村丑溪蝶变美如画

(记者 周寒飞 郑明强 通讯员 朱灿义)青山环绕,林木繁茂;流水潺潺,清澈见底。白墙黛瓦,错落有致;四季花海,清香扑鼻。

来到宜都市五眼泉镇弭水桥村,整个空气中都弥漫着清新的味道,忍不住多做了几个深呼吸。

很难想象,4 年前这里垃圾遍地,穿村而过的"丑溪"还是"龙须沟"。路不通、水不净、电不稳,村集体负债 13 万元,在宜都市 123 个村中排名垫底;村里会开不拢、事办不成,"一半人在外务工,另一半人想着搬离。"

短短 4 年,弭水桥村如何完成美丽蝶变?

变在环境　　山清水秀好宜居

弭水桥村位于宜都市西南,因穿村而过的拖溪河上有一座清代四跨石板桥而得名。村域版图面积约 13.7 平方公里,共有 805 户 2418 人。这里山岭分布错落有致,常年雨水充沛,气候宜人。

漫步穿行在弭水桥村,风景如画、田园如歌,恍若走进了陶渊明笔下的"桃花源"。可有谁会想到,这里 4 年前走的是泥巴路,住的是土坯房,村委会只有 3 间破房子、1 台旧电脑和几把烂椅子。

弭水桥村党总支书记刘大卫说,这一切的改变是从该村因地制宜、以"四美标准"创建美丽宜居乡村开始的。

变生态资源为生态美景,这是弭水桥村走出的第一步。4 年前,宜都市财政局实施"竞争立项",每个乡镇每年申请一个村,组织专家评审,弭水桥村入围。宜都市财政配套 200 万元,分 2 年支持该村开展庭院美化、污水处理等工作。宜都市政府又整合涉农资金 1500 万元,将乡村公路从 3 米拓宽至 8 米。4 年来,该村新建桥梁 7 座,硬化公路 27 公里,修晴雨路 13 公里,解决了 658 户的吃水难题。

主动招商,引进园林公司、旅游企业,为弭水桥村再添美丽景观。一家园林公司看到商机,投资 70 多万元建起千亩紫薇园;凭借丑溪峡谷、天然瀑布、千亩花海等资源,弭水桥村引进旅游公司,开发九凤谷景区。如今,弭水桥村全年飘香,四季可观花海——春观樱花紫荆,夏赏月季紫藤,秋品紫薇红叶,冬看蜡梅山茶;百年古藤、野生栾树、瀑布溪流等随处可见,风景极佳。

为了彻底改变农村面貌,弭水桥村精雕细琢、全方位打造美丽环境。4 年来,村委会积极组织党员代表、人民群众联合进行大规模环境卫生整治,彻底清理白色垃圾、房前屋后垃圾遗留点;聘请专职保洁员,确保村域公共区域有专人保洁,并配备硬件设施;配套修建垃圾中转站,配备勾臂箱、垃圾桶、垃圾箱,指定专人负责清运垃圾;下决心进行水电线路改造、修建农村污水处理设备,新建星级旅游厕所;进行农田整治、河道流域治理,彻底告别脏乱差现象。

开展美丽家园庭院绿化,真正做到一户一景,一户一特色。按照"先建后补"的思路,政府出资 80%、个人出资 20%,以一户一模式、一户一设计、一户一方案为目标,坚持"少硬化、少拆房、多实施改造、多就地取材"的方式,以达到高水平规划、低成本建设的状态。目前,该村以绿化面积不少于庭院面积的 20% 为标准,实施"增绿添彩",手绘文化墙,已实现一户一景、移步换景、看景辨户。

通过改造,弭水桥村的环境清幽起来,真是处处绿、路路洁、户户美。老百姓当初所期所盼的美丽宜居环境,已变成眼前的现实。

美在党旗　　产业兴旺百姓富

"创建美丽宜居乡村,最根本的是要带领村民发展产业致富。"从上任第一天起,"产业"二字就一直在刘大卫脑海里打转。

为了给弭水桥村找出路,他带领村两委班子挨家挨户走访,深入征求群众意见。经过反复思考,他认为比较可行的是壮大村集体经济,村富带民富,最后实现村民共富。

弭水桥村旁一条名为丑溪的瀑布小溪蜿蜒流过,风光旖旎。村党总支决定与三川绿化公司合作,在丑溪沿岸栽植千亩紫薇树,发展特色农业休闲旅游观光产业。让农民代种13.7万棵紫薇,不仅增加了农民收入,还带动村集体收入一年增加了17万元。同时村景村貌得到美化,游客们盛赞此为"中华紫薇村"。

当时的丑溪峡谷,号称神秘之地,无人涉足。刘大卫只身探险,被其中雄奇壮观的悬崖瀑布深深吸引,"宛如世外桃源的原始风貌不开发成旅游景点可惜了。"于是,他向户外运动爱好者发出邀请,不到一周,驴友们蜂拥而至,丑溪的美景开始在朋友圈刷屏。

修简易护栏,凿土台阶,牵绳子,给驴友带路。整整7个月,刘大卫带领村里的党员干部,在山上来来回回跑了近两百回,丑溪人气越来越旺。在刘大卫以及村党总支的推动下,三川绿化公司决定成立生态旅游公司,开发打造三峡九凤谷景区,弭水桥村以自然资源入股,共同发展乡村旅游。

景区效应快速辐射,一批农家饭庄、农副产品营销户迅速发展。据统计,弭水桥村已开办农家乐27家、客栈2家,200多人依靠景区就业创业。以前卖不出的土蜂蜜走俏了,田里的白菜、萝卜都变成游客争抢的好东西。"挨着景区,挖点野菜都能变钱。"村民刘光术说。

"村里搞得这么好,我这回再不得走了!"前不久,弭水桥村村民黄华回到离开十几年的家乡。看到村里旅游火,他准备回来投资建设蔬菜加工厂,把土特产卖给四方客。近两年,弭水桥村有了能致富的好产业,已吸引300多名在外务工人员返乡,其中像黄华这样的创业能人就有58个。

产业兴旺,村集体经济也得到了可观的"股份分红"。"九凤谷景区门票收入的2%归村集体所有。"刘大卫介绍,加上一年10万元的固定租金和村集体土地流转费用8万元,弭水桥村仅靠九凤谷景区,一年就可增加集体收入65万元。

向绿水青山要金山银山。刘大卫说,正是党员干部发挥带头作用,大家团结一心,弭水桥村才抓住了农旅融合这一机会。通过4年的努力,村民对村委会两委班子信任度更高了,干群关系得到了彻底地改变,现在是人心齐、泰山移,弭水桥村真正实现了凤凰涅槃,浴火重生。

今日的弭水桥村,葡萄采摘园、蓝莓采摘园、火龙果采摘园等一批农旅项目,正在紧锣密鼓推进。同时,为了带动拖溪村、望佛桥村两个省级建档立卡贫困村脱贫致富,五眼泉镇党委安排弭水桥、拖溪、望佛桥、三峡九凤谷(位于丑溪)4个党总支(支部)联合成立"两溪两桥旅游区党委",充分发挥党建引领作用,将连片区域的旅游资源有机整合,形成抱团发展,并全面启动"两溪两桥"旅游环线建设。该旅游环线全长14.6公里,沿线建设丑溪民俗体验馆、拖溪胡敌文化广场、望佛桥村廊桥文化广场等景观,可带动200多户村民自主就业。

五美之星　　有颜值更有内涵

美丽宜居乡村谁来建、谁来管？污水随意排、垃圾随处扔的陋习，如何改？弭水桥村的回答是，评选"勤、孝、净、诚、和"的"五美之星"。

九组村民廖再会屋前就是丑溪。她回忆，以前村民习惯把垃圾丢在溪里，走过溪边都要捂着鼻子。

2014年起，镇村两级组织"五美之星"评选，廖再会家被评为"净美之星"，奖牌被她郑重地挂在堂屋正墙。如今，廖再会一闲下来，就主动到溪边捡垃圾。很多村民受她影响，也参与进来。

弭水桥村还鼓励村两委班子立榜样、做表率。

过去四组到八组的路，"雨天一脚泥、晴天一身灰"。刘大卫运来两车碎石，自己动手铺路。村民在旁边看热闹，不相信他是来真的。两个小时过去了，他还是劲头十足。村民受到感染，都抢着帮忙。

刘大卫还带着村干部，到溪边、村民门口捡垃圾。有干部抱怨："不怕累，就怕村民笑话。"刘大卫耐心开导："我们都不能带头，怎么说服村民爱护环境？"

爱护环境，人人有责。在弭水桥村，有一个由村委会牵头、群众自愿加入的村级志愿服务站，参与环境卫生整治、节假日巡逻、旅游区执勤维稳等工作。

文化是美丽宜居乡村的"灵魂"。在改善人居环境的同时，弭水桥村开展了一系列群众性精神文明创建活动，让农村群众共享发展成果。为传承优良家风、引领文明村风，开展了"十星级文明户""好公婆、好儿媳""五美之星"等评选活动，使社会主义核心价值观建设深入人心；为进一步丰富群众文化生活，村里建起了文化广场、文化墙，开办了农家书屋，满足群众的精神需求。

浓墨重彩绘新景，绿水青山带笑颜。环境之美、产业之美、文化之美，让弭水桥这个美丽乡村焕发出多彩魅力。择一城终老，遇一人白首。弭水桥村，正成为越来越多群众的选择！

（《三峡日报》2018年5月15日5版）

五、刘大卫先进事迹报告会发言

凤凰涅槃　　向文明、生态新村迈步

大家好！我是五眼泉镇弭水桥村党总支书记刘大卫。

我是土生土长的弭水桥村人，1989年入党，之前在长阳开煤矿。每次回老家，看到老乡们走的是泥巴路、住的是土坯屋，从心底蛮想为家乡做点事。就这样，2014年，我将企业交给了亲戚打理，自己回乡当了一名"村官"，在村换届选举中，我被全票选为"村书记"。

一开始,蛮多人议论纷纷:刘老板回来当村干部,不是想赚钱,就是想作秀!蛮多人泼冷水,我委屈过、迷茫过,但作为一名退伍军人,一名共产党员,我绝不能打"退堂鼓",既然全票当选,就不能辜负父老乡亲!于是我下定决心:就算是作秀,我也要用实实在在的工作作风、实实在在的工作业绩来作秀。我要用事实来证明,村民的选择没得错!

上任之初,镇领导找我谈话,说你的首要任务是把村里的风气扭转过来。原来我们这个村是全市出了名的"后进村":基础设施非常落后,没得集体收入,村委会一穷二白,只有3间破房子、1台旧电脑和十几把烂椅子……更为严重的是,干群关系恶化。之前村委会牌子都被群众扛到镇上去了,说"反正村委会是摆设,干脆把牌子还给你们"。

如何让群众满意?我决定先从"班子"抓起。一上任,我就定下规矩:第一,村民有事,干部必须半小时内到现场,能办的马上办,不能办的讲清楚说明白。第二,严格执行财务管理制度,就连工作餐都是"各吃各的"。

随后,我带着村两委班子挨家挨户走访,访民情,办实事。过去四组到八组的路,"雨天一脚泥、晴天一身灰",村民反映后,我10分钟赶到现场察看,第二天一大早运来两车碎石,自己动手修路。村民一开始站在旁边,冷眼看热闹,不相信我是来真的,两个小时过去哒,我还是劲头十足。渐渐地,沿线村民受到感染,一个两个都抢着帮忙。我还记得,路修好后,一位80多岁的老婆婆拉着我的手说,刘书记,真的感谢你!没想到这辈子还能看到水泥路打到屋门口……三组聂家榜有一座桥,村民们亲切地称为"连心桥"。以前这里祖祖辈辈都是打赤脚过河,后来我带头发起捐款,村党员干部积极响应,将筹集到的4万多元资金用于架桥,家住附近的老人家黄振高兴地说:"桥修好哒,以后过河再也不用打赤脚哒。"

两年来,我们全心全意为村民服务,把他们的冷暖挂在心上,哪怕再忙,也要一件件地落实。期间,村里增加变压器3台,建桥7座,硬化公路17公里,修晴雨路13公里,658户吃水难题解决了。现在是家家可用空调机,户户小车可进屋,人人能吃上自来水,从根本上改变了基础设施落后的面貌。

就这样,班子的威信树起来哒,人心也慢慢收拢哒,村里风气正、人心齐、工作顺。接下来就是甩开膀子抓发展!我们先后走访700多户,收集建议60多条。决定以观光农业为发展方向,通过引进企业,打造千亩紫薇园,让村民代种,公司收购,农民每株得五块钱,村集体每株得一块二。记得那天,我们通知村民8点钟开会,结果到9点钟才勉强来了一部分人。还没等我说,马上就有人反对:"刘书记,紫薇树不能吃不能喝,种出来后哪个晓得会不会兑现。"其他人都用怀疑的眼光看着我,我当时一拍桌子,说:"如果公司不兑现,我就私人掏腰包,不得让你们吃亏!"这才打消了群众的顾虑。后来,我们在九组和十组种了137000株紫薇,仅此一项,就为农民年增收70万元,村集体年增收17万元。

俗话说,"金拖溪,银丑溪",在弭水桥村,有一处美丽壮观的原始峡谷,要向绿水青山要金山银山!于是,我们决定以峡谷自然风貌"入股",与企业合作打造三峡九凤谷。一开始我还是蛮为难,光配套旅游公路就要征地70亩。之前为种紫薇树,嘴皮子都快磨破,这回要村民拿出这么多地,怕是更难得搞!尽管心里没得底,为了村里发展,再难也得搞!

这回村里通知9点钟开会,没想到才8点钟人就到齐哒,还没等我"苦口婆心"来劝说,村民王仁海就大声说:"刘书记,上次开会说种紫薇,那些没来开会的人后悔完哒,这次你说怎么搞就怎么搞,我们都听你的。补偿款我不要,景区修路这种大好事我一万个支持!"其他人都点头赞成。没想到大难题就这么顺利解决了,不到一周征地工作就完成了。项目的快速推进,直接引来了市政府2000万元的投资。

就这样,在村民的共同努力下,在市、镇两级政府的大力支持下,仅仅半年时间,景区就建好哒。现在已是国家4A级景区的三峡九凤谷,累计接待游客突破20万,不仅每年为村集体带来50万元经营收入,更是直接帮助200多村民就近就业,带动周边群众发展农家乐、客栈20多家,促进了村民增收致富。家住九凤谷附近的李金彪有一次碰到我说:"刘书记,我现在连白菜都没得吃的哒。"我一听,还以为他遇到了难处,他却笑嘻嘻地说,"游客都说我的白菜施的是农家肥,绿色无污染,又甜又好吃,4块钱一斤抢光哒,搞得我现在还要买菜吃,不过街上的菜只要块把钱一斤,这个账蛮划得来。""金山"九凤谷,不仅致富还能贫扶,弭水桥村精准扶贫户吴圣和景区签订务工合同,工资一个月2600元,一家人依靠产业扶贫,有尊严地拔掉了"穷根"。

现在的弭水桥,不仅配得上"一到九凤谷,浑身就舒服",更让"八方宾客这里留,城里的姑娘来哒不想走。"

现在的弭水桥,全村经济总收入5100万元,集体经济72万元,村民人均纯收入18000多元,一举甩掉了"空壳村"的帽子。

现在的弭水桥,风清气正,连续两年在镇综合考评中名列第一,村党总支也连续两年被评为五星级党组织。2015年被评为"湖北省生态文明示范村"。2018年,被评为"湖北省旅游名村"。

凤凰涅槃,浴火重生。弭水桥村的"蜕变"使我深刻认识到,民风靠党风引领,而党风靠信仰支撑。接下来,我将继续把人民群众向往的美好生活,作为我的奋斗目标,为打造实力强、百姓富、生态美的弭水桥村做出新的更大贡献!

谢谢大家!

(2017年7月1日先进事迹报告会)

六、"刘大卫工作法"五条经验

一是坚持每户必访。密切联系群众，深入群众，了解群众需求，组织村干部开展民情大走访，每年村两委班子成员及后备干部必到各户访1次，做到有走访情况登记，有梳理汇总，有落实结果。

二是群众有事半个小时到场。坚持半小时到现场原则，能办的马上办，不能立刻办的讲清楚、说明情况，有说事办事登记。

三是第一时间抓落实。围绕市镇安排的乡村振兴、精准扶贫、项目建设等中心工作，以及产业发展、低保评审、社会救助等一系列强农惠农政策，第一时间安排、第一时间处理、第一时间反馈。

四是执行政策一碗水端平。干部说话、办事、调解公开公平公正，不偏不倚；村级项目建设、征地拆迁、各类政策落实等坚持按程序办、按政策执行，对党员群众一视同仁，不优亲厚友，不存私心，不谋私利。

五是公家钱不乱用。坚持"两公开"，严格执行财务管理制度，每月财务公开做到及时、清晰、准确，财务账目管理规范，不举债、不超能力范围实施项目建设；不违反"中央八项规定"和省委六条意见及市委相关要求；村级零招待，工作餐"各吃各的"。

第九章 "廉"风习习润丑溪——弭水桥村清廉村居典型事迹材料

走进宜昌市宜都市五眼泉镇弭水桥村荣誉室,醒目的是"全国民主法治示范村""全国乡村治理示范村""全国模范人民调解委员会""湖北省先进基层党组织""湖北省文明村""湖北省百佳村民委员会""宜昌市文明村"等诸多荣誉称号,2020年12月,弭水桥村作为湖北省一般村代表,接受国家脱贫攻坚成效考核,获得高度肯定。这个位于宜都西南、面积13.7平方公里,辖10个村民小组,总人口2405人,872户,总耕地面积5083亩的村庄,依靠茶叶、柑橘、旅游等主导产业,2020年村集体经济收入达到104万元,农民人均纯收入达到21891元。由此可见,弭水桥村是名副其实的先进村、富裕村。

但令人不曾想到的是,2014年前的弭水桥村,却是一个典型的"三类村",村级负债累累、基础设施薄弱、经济发展落后、干群矛盾突出,甚至出现村民将村委会牌子摘掉,扛到镇上投诉的情况。这一切的涅槃重塑,是从能人刘大卫2014年回村担任村党总支书记后开始的。秘诀就是,他带领村两委班子和全体党员,从"廉"字入手,以清廉党风,引领清醇民风,推动建设清廉村居。主要做法是:

一、"公家的钱不乱花",以清廉班子引领推动清廉党风

(一)倾心收集民意

2014年,经全体党员推荐,镇党委"三顾茅庐",刘大卫全票当选村党总支书记。他带领新一届村两委班子,用一个半月的时间,"家家到,户户落",遍访全村,倾听、收集村民意见和建议,共梳理出90多条民情。村民抱怨最多的,包括:村级财务不公开,村委会失修漏雨都无人打理;惠民政策宣传不到位,落实中优亲厚友;群众反映事情,村委会多数没有"下文";村级道路不畅,经济发展滞后,群众过河,还得打赤脚淌水。

(二)铁律筑牢规矩

走访结束,刘大卫组织村两委班子对症分析,提出,村两委班子和班子成员必

须干干净净、清清白白,忠诚于党、服务于民。他立下"坚持每户必访、群众有事半小时到场、第一时间抓落实、执行政策一碗水端平、公家钱不乱花"五条铁律,将执行铁律情况记入村干部廉洁档案,向村民公开。这五条铁律,后来被宜都市委总结为"刘大卫工作法",在全市推广。7年来,村党总支和村干部得到群众高度认可,无一受到群众举报或受到上级纪检监察机关通报。

(三)筑堡强大磁力

"光说不做假把式。"村党总支把110名党员划分为5个网格支部,织密组织网络,加强党员教育管理,构筑坚强战斗堡垒。5名村两委干部、2名后备干部、1名监督委员会主任起示范引领作用,运用"党员先锋指数"信息平台,对党员进行分类指导,为年轻党员"传帮带",为中年党员搭建创业平台,鼓励老党员参与村级事务管理监督。同时,有效延伸组织触角,带领12个群团组织、自治组织、经济合作组织,凝心聚力谋发展。

村两委班子从群众最为关心的出行、饮水、发展问题入手,7年来,共争取各类投资2000万元,建成4A级旅游风景区1个,修建彩色公路4.5公里,硬化道路27公里,架设桥梁18座,新增电力台区7台,架设通信光缆26公里,使安全饮水率达到100%,庭院绿化200户、污水治理涉及300余户、国土整治700亩、整治堰塘25口、整修主干渠15.6公里,村村响广播进村到组;7年累计处理群众来访来电300多个,兴办实事400余件。村级集体经济从负债到如今盈余已突破100万元。村人均纯收入达到21891元,较2013年翻了一番。村党总支像吸铁石一样把党员和群众紧紧凝聚在一起。"磁铁支部"经验和"刘大卫工作法"被写进宜昌市乡村振兴规划。

二、"村里的事村民商量着办",阳光村务引领推动清醇民风

(一)屋场民主决策

"为子子孙孙造福的事,我们是大力支持的。""刘书记,你指到哪里,我就拆到哪里,补偿款我一分钱不要。"为配套建设九凤谷景区旅游路,村党总支组织召开沿线户主屋场会征求意见,村民的热情和无私表态令组织会议的村两委班子无比感动,也充分认识到了"还权于民"的强大力量。就这样,2014年,4.5公里旅游路沿线涉及的115户居民78亩承包地、200平米房舍,村民全部无偿让出。像这样民主议事的屋场会、党员会、户长会、村民代表会,7年来,村里组织共召开百余场次,讨论议定村级发展事项和涉及群众利益事项70余条,均得到村民的积极拥护

和支持。

(二) 村级规范管理

"不以规矩,不成方圆。"村级先后建立健全以村民自治章程和村规民约为主要内容的民主管理制度,村级财务按制度定期清算,村级日常开支状况及时公布上墙。涉及群众切身利益的事,如低保、精准扶贫、工程招投标等,均在公开栏和网上公开,接受群众监督。严格执行村级接待"零支出"制度,村两委班子工作餐全部实行 AA 制。在村民中深入开展"五美之星"和"十星级文明户"评选,将思想道德、遵纪守法、移风易俗、环境卫生等融入量化考评细则,润物无声地引领村风、民风。

(三) 村务民主监督

"让村民一起来监督村务。"村委全面推行村务监督委员会制度,村务监督委员会全程参与村级重大事情决策,让村务在阳光下运行。7 年来,村级阵地建设、美丽乡村、硬化公路等共涉及项目 32 个,资金 4000 多万元,全部顺利实施,未出现一例违法违纪事件。

三、"执行政策一碗水端平",以廉洁公平推动建设清廉村居

(一) 榜样示范引领

村班子认识到,规矩必须从自身做起,原则必须从自身严起。2014 年刘大卫刚上任,自己的幺妈严某某就想申请低保,但经过调查她不符合标准,刘大卫坚决不答应。为此幺妈愤然到市信访局上访。刘大卫苦口婆心地劝说道:"您是我的亲人,我如果利用职务之便同意将您评成低保,那我岂不成了全村的罪人,组织叫我来当这个村书记,还有什么意义?"最终得到幺妈认同。刘大卫的示范带头得到了村干部和家人的一致支持与跟随,村两委班子齐心革除宿弊,励精图治,在发展思路上与时俱进,发展模式上锐意创新,发展方法上务实奋进,坚持原则,秉公办事。2020 年,刘大卫家庭被评为"宜昌清正廉洁最美家庭"。在村干部榜样带动和村规民约教育约束下,村民家风良好,民风淳朴。近 5 年来,全国各地到村参观学习的团队和学员共 600 多批次 26000 人次,均对此感触深刻。

(二) 文化浸润民风

民风贵在教育引导和习惯养成。弭水桥村在"两溪两桥"旅游环线上辟出

2664平方米,打造廉政文化园,建设青莲池(清廉池)、警世钟、古代廉政名人柱、权力约束笼等多个廉政文化建筑设施;结合乡村庭院特色,利用农户外墙手绘进行宣传,共绘制廉政文化宣传、弘扬传统美德和时代精神的大型文化墙30余面,让村民、游客寓情于景,浸润廉洁、美德文化,带动家风建设。7年来,先后有80多名村民返乡创业,开办农家乐30余家、商铺4家,均依法规范经营,未发生一起游客投诉案件。

(三) 法治约束保障

村委坚持将法治作为清廉村居推进的强力推手,结合七五、八五普法,加强对广大干部群众的廉洁教育;完善法治宣传栏、法治标识牌、法治文化标语等"微普法"阵地,把廉洁文化宣传到群众身边,浸润到群众心间。2020年,村委设立法治村主任,进一步厘清权力边界,强化"小微权力"监督力度,切实提高干部群众廉洁意识。

"问渠那得清如许,为有源头活水来。"弭水桥村将以清廉村居建设为契机,进一步强化党建引领,深化"三治融合"实践,坚持和完善村级各项制度,推动村级治理体系和治理能力建设再上新台阶。

第十章 做强农旅产业,促进农民增收——九凤谷旅游创始人裴道兵事迹

一、主要业绩成果

(一)投身旅游事业,开发建设三峡九凤谷景区

2009年,裴道兵同志就成立了宜都市三川生态绿化发展有限公司,投身于美丽乡村建设。几年间绿化公司成长迅速,建成宜昌市规模最大的苗木基地,辐射专业育苗农户500余户,一跃成为湖北省林业产业化龙头企业。

裴道兵同志于2014年下半年投资开发三峡九凤谷景区成立宜都市三川生态旅游开发有限公司。该景区于2014年底动工兴建,于2015年6月20日对外营业,2017年11月被评为国家4A级景区。同年,公司与宜昌交旅集团旗下宜昌道行文旅公司完成企业重组,成为宜昌交旅集团控股子公司,由民营企业稳步转为国有控股企业,公司更名为湖北三峡九凤谷旅游开发有限公司。2019年8月,湖北交运集团股份有限公司以发行股票购买资产的方式收购湖北三峡九凤谷旅游开发有限公司100%股权,公司转型成为国有上市公司全资子公司。三峡九凤谷旅游项目(图10-1)从启动到现在,一直在宜昌三峡地区旅游界一枝独秀,是一匹黑马,这表现为3点:一是从景区开工建设到投入运营,仅用了半年的时间,在同行业中被视为奇迹;二是首次大胆彻底颠覆山水景区的历史传统建设理念,一改过去单纯的观光休闲模式,转变为观光休闲与游客互动体验相结合的游玩模式;三是九凤谷营业态势和经济效益在同行业被视为佼佼者,经营业绩大幅提升,2015年6月开业以来,6年时间已经接待游客130万人次,实现经营收入9800万元,利润3000万元以上。

(二)助力乡村旅游脱贫,高标准助力脱贫攻坚

身为宜都市人大代表和宜都市旅游协会会长,裴道兵同志经过景区建设经营和考察分析,积极建言献策,主张充分挖掘景区所在地的农耕文化和红色资源。

图 10-1　三峡九凤谷

一是与弭水桥村、望佛桥村、拖溪村两个贫困村和一个"后进村"合资成立宜都丑溪民俗文化有限公司(三个村各占30%股份,裴道兵占10%的股份),筹集资金500万元,一期建设完成三峡农耕文化馆,并由湖北三峡九凤谷旅游开发有限公司代为管理和营销,传承农耕文化,增加集体经济收入。二是修建宜昌市第一名共产党员胡敌的纪念馆——胡敌烈士纪念馆,积极参与"两溪两桥"乡村旅游廊道规划建设,打造宜都市最亮眼的乡村旅游精品线路。2021年是建党100周年,截至2021年7月底,参观三峡农耕文化馆和胡敌烈士纪念馆的各界人士有近8万人次,创造综合收入达50多万元。

经过近几年的发展,景区所在地的两个国家"十三五"规划精准扶贫建档立卡贫困村,27个在册贫困户,通过开办农家乐等实现脱贫。目前,村民自主经营农副产品销售、家庭旅馆、农家餐饮等旅游配套企业达50余家,为本村及周边农民提供了近250个就近就业岗位,开启了回乡创业浪潮,拉动了乡村旅游,帮助了村民脱贫致富。景区核心区域所在地弭水桥村也被评为"宜昌市文明村""湖北省绿色示范乡村""湖北省旅游名村",由一个"三类村"华丽蜕变为先进村。

2020年12月,弭水桥村作为湖北省一般村代表,接受国家脱贫攻坚成效考核并获肯定,九凤谷旅游扶贫模式入选"湖北省旅游扶贫十大案例"。2021年6月,为全面总结社会领域公共服务助力脱贫攻坚的有效经验和做法,国家发展改革委遴选公布了58个典型案例,《湖北宜都:文旅帮扶用真心,丑溪草木变成金》案例入选,为湖北省唯一入选案例!

二、获得的主要荣誉

十多年来,裴道兵同志在实践中不断探索,改革创新,形成了一套行之有效的管理方式,带出了一流的团队,取得了一流的成绩。其个人先后获得"宜昌市绿色经济致富带头人""宜都市十大青年创业明星""支持非公企业党建工作先进个人"等荣誉;先后担任过"宜都种苗花木盆景协会"会长、"宜都电子商务协会"副会长、宜都市工商联常委等社会职务。所创办的绿化和旅游公司先后获得"宜都市文明单位""宜都市消费维权先进单位""五眼泉镇安全生产工作先进单位""脊梁工程建设先进单位"等荣誉。三峡九凤谷景区亦先后获评多项荣誉(见表10-1)。

表10-1 三峡九凤谷景区获评荣誉

时间	荣誉
2017年	湖北省森林康养试点示范基地
2017年	宜昌市休闲农业与乡村旅游示范点
2017年	国家4A级旅游景区
2017年	宜都市创成全国文明城市先进集体
2018年	宜昌市中小学生研学旅行基地
2018年	宜昌市科普教育基地
2019年	2019全省惠游湖北最优服务奖
2019年	两江质量奖
2020年	宜都市"三好两优"和谐企业
2021年	宜都市第十八届万名消费者评诚信"十佳诚信单位"

农耕文化馆是一个助力脱贫致富、乡村振兴,传承农耕文化和推动乡村旅游的优质项目。在此基础上,裴道兵同志提议,由三个村各占30%股份,自己占10%的股份,筹集资金500万元,一期建设完成三峡农耕文化馆,并由湖北三峡九凤谷旅游开发有限公司代为管理和营销,传承农耕文化,增加集体经济收入。

三峡农耕文化馆(图10-2)总规划投资820万元,分两期建设,其中一期项目投资500万元,平整征用土地5.5亩,建设了室内上下两层的馆舍1200平方米,收藏了有一定文物价值的农耕工具100余件,制作了农耕文化展牌50余块。农耕馆于2020年开始试营业,截至2021年底已累计接待参观游客8万人次,为三个村增加集体经济收入30多万元。目前,三峡农耕文化馆已经成为宜昌市区域乡村旅游的热门景点。

三峡农耕文化馆的二期项目概算投资320万元,建设工期2年,计划2022年

图 10-2 三峡农耕文化馆

初开工,投资建设的内容主要是三个方面:一是对一期项目进行维修改造,提档升级;二是新建一批农耕文化传承和展示的景观景点设施;三是完善配套旅游基础设施。具体规划建设的项目如下:

(1)收购添置具有一定文物价值的农耕工具 100 件;
(2)新建一个农耕工具体验区;
(3)新建一座大型农耕发展历史文化浮雕墙;
(4)新建传统工艺油榨坊一间;
(5)新建自然水动力磨面坊一座;
(6)建设一个丰收果实晒秋墙;
(7)在农耕文化馆门前的丑溪上建设一个大型风轮水车;
(8)新建农耕文化电子屏影视厅一个;
(9)标准化建设标示标牌和文化展牌系统;
(10)新建 3A 级卫生间一个;
(11)馆舍内部新建中央空调系统。

三、项目实施及运营方式

(一)落实资金方案

二期项目的投资股权结构不变,仍然与一期投资股权比例一样,弭水桥村、望佛桥村和拖溪村三个村集体占 90% 的股权比例,裴道兵个人占 10%。资金来源一是股东分别自筹一部分,二是争取政府补助一部分,三是必要的时候利用资产抵押向银行贷款一部分。

(二)加强项目建设监管

成立项目建设监督管理专班,严格监督管理,确保节约投资,确保高质量建设。每个具体项目严格实行招标制或议标制,杜绝个别人独断专行的现象。严格项目竣工验收,对没有按照设计和建设要求完成的,不得验收合格,并根据协议约定,给予相应处罚。

(三) 项目运营管理

项目建成以后,为了解决运营人才团队和市场开发问题,有效降低和节约运营成本,增强抗御市场风险的能力,项目的市场运营管理仍然交由三峡九凤谷景区托管经营,签订托管协议,实行保底分红。三峡农耕文化馆召开股东会议做出决定,让自然人股东裴道兵监督经营管理,确保三峡农耕文化馆的收益在稳定增长的基础上力争实现最大化。股东裴道兵定期向三个村报告三峡农耕文化馆托管经营情况,并将重要事项提交股东会议讨论决定。

四、项目效益分析

三峡农耕文化馆项目只要建成投入使用,必将是一个社会效益和经济效益十分突出的优质项目。

首先是突出的社会效益。三峡农耕文化馆宣导和传承的农耕文化,蕴含了中华民族勤劳智慧的优秀品质,彰显了劳动创造财富的价值观。而传承好农耕文化,是推广社会主义核心价值观和落实习近平总书记劳动最光荣劳动、最伟大指示精神的重要举措。三峡农耕文化馆必将影响更多的社会人士,特别是走出校门到农耕文化馆研学旅行的中小学生,增强他们劳动创造财富的意识,尊重劳动、尊重劳动者的自觉性,在社会范围营造劳动光荣的氛围。

其次是良好的经济效益。三个经济落后的贫困村,依托区域知名旅游景区,充分发挥自然生态环境优势资源,共同投资建设了三峡农耕文化馆,村集体经济从此有了稳定的收益,彻底改变了贫穷落后的局面,党员和干部群众的精神焕然一新,一个乡村振兴的美好未来拉开了序幕。预计三峡农耕文化馆二期项目建成投入运营后,每年可为三个村集体经济增收 80 万元以上。2020 年 12 月,三峡农耕文化馆所在的弭水桥村作为湖北省的一般代表村,接受国家脱贫攻坚考核并获得高度肯定。

第十一章　成功开发 4A 级景区——九凤谷

三峡九凤谷旅游风景区(图 11-1)位于湖北省宜都市五眼泉镇,占地 3.7 平方公里,是国家 4A 级旅游区、全国中小学生研学实践教育基地。景区峡谷的天然景致秀美神奇,极大的水流落差造就了众多的瀑布潭池,形成了"十步一美景,一瀑一传说"的动人境界。

图 11-1　三峡九凤谷旅游风景区

三峡九凤谷是镶嵌于"鄂西门户"宜都的一颗明珠,集天地之灵气,融山水之精华,以秀美的深山峡谷与天然瀑布资源为基底,加载荆楚九凤文化底蕴,宏大粗犷又婀娜多姿,灵秀生动更温婉可人,还以主题化生态花海为媒介,以游戏化互动体验式的项目为脉络,集峡谷游乐、观光休闲、游戏互动、拓展训练、自然探索等功能于一体,形成山下有植物、山中有峡谷、山上有动物、空中可飞舞的休闲互动式体验格局,致力于让人们获得身心愉悦的旅游(休闲)体验。

三峡九凤谷根据资源特点和区域特征,规划建设主题花海大峡谷、丑溪峡谷探险和儿童自然探索公园三大核心板块和综合服务区、花溪观光区、峡谷游乐区、浪漫休闲区、木屋度假区五大功能分区。目标是打造集峡谷游乐、儿童自然探索、素质教育、观光休闲等功能于一体的宜昌好玩的旅游度假区,2017 年经国务院审定列为国家 4A 级旅游景区。

九凤谷依托弭水桥村一条长约 3 公里的瀑布小溪建设。此小溪海拔在 800 米左右;因地质构造比较特别,沿岸暴露有一些由地块之间的断裂、错位所致的活动断层,形状别致,悬崖峭壁对峙,雄奇壮观,每断层之间形成多个狭缝,地质学称"U"形谷。陡岩、钟乳石、瀑布、深潭,险象环生,神秘莫测,大的瀑布落差在20米左右,溪水清凉,临山顶倾泻而下,十分壮观。在很久很久以前,这里的天然峡谷河道边布满了柳树,柳树成荫,溪流潺潺,故而被人们称为"柳溪"。经过千百年的世代相传,柳溪在今天被人们称作了"丑溪"(图11-2)。

图11-2 丑溪

从事绿化事业的宜都市三川生态旅游开发有限公司董事长裴道兵在致力打造"华中第一紫薇村"的选址探访中,被这里神奇的峡谷、蜿蜒的溪流、丰富的植被以及其他宛如世外桃源的美景深深吸引,决定将其打造成华中地区好玩的生态旅游度假区,并正式确名为"三峡九凤谷"。凤乃百鸟之王,传说有九头,在中国传统文化当中代表着吉祥如意。湖北古属楚,楚人多喜凤,代表着湖北人的勇敢和智慧。

建成后的九凤谷风景区集奇岩、险崖、幽谷、悬瀑之美于一体,自然和谐、意趣充盈。谷洞处处溪泉如玉,奔流而下,是夏季避暑、亲水、玩乐的极佳去处。游客穿崖过谷、跳石越洞,在谷中感受清泉润目、芳草碧连天,观峡谷瀑布、听虫唱鸟鸣,欢声笑语不断。谷中还有紫薇、紫荆、紫藤花、樱花、海棠、向日葵、杜鹃花等众多花卉,花开时节,落英纷飞,是勇敢者的天堂,游客要经历穿越峡谷、高空滑索等诸多富有挑战性的项目方能到达顶点,在好玩与挑战中体会凤舞九天的极致感受。这也是风景区带给游客的体验精髓。

九凤谷自然资源丰富,并以其独有的峻山奇石,层层叠叠的大小瀑布为众人所知。景区风景秀美,林地植被丰富、地形地貌奇特、山体走势蜿蜒曲折;水文以丑溪流域为主,南部峡谷水量充足;陡岩、钟乳石、瀑布、深潭,险象环生,神秘莫测。山中建设有1000多米的观光栈道,4座悬网吊桥。栈道观景观瀑,桥上看山看水,风起时丛林起舞,阳光下水雾生烟,亦真亦幻,宛若人间仙境。当地民风淳朴,民俗文化、人文风情多姿多彩。

　　九凤谷景区所在地区域位置优越,交通条件便利。游客乘汉宜高铁仅2小时即可至宜昌,从宜昌城区乘车60公里,下宜岳高速袁家榜出口仅10分钟即可到达景区。可见,景区能无缝对接全国旅游大市场。同时,九凤谷景区与三峡大坝、三峡人家、清江画廊等宜昌各大景区合作形成最佳旅游线路,成为宜昌性价比最高的新晋国家4A级景区。

下 篇

五峰土家族自治县"一茶两中四园"战略秘籍

注重乡村教育创新 人才助力兴村兴县

第十二章 五峰土家族自治县坚持教育为乡村振兴服务

"十三五"发展规划实施以来,在县委、县政府的坚强领导下,五峰县教育事业以习近平新时代中国特色社会主义思想为指引,全面深入贯彻党的十八大、十九大精神,围绕规划目标、任务和"人才兴县"战略,坚持教育优先发展、均衡发展,紧紧围绕教育保障、促进教育公平、提高教育质量主题,以办好人民满意的教育为目标,坚持立德树人根本任务,加快推进教育事业的持续健康发展,基本实现了教育"十三五"规划预期,为教育"十四五"发展奠定了坚实基础。

一、"十三五"以来工作开展情况

(一)基本情况

截至 2020 年 10 月,全县有中小学 23 所,其中普通高中 1 所、中等职业学校 1 所、初中 4 所、九年一贯制学校 4 所、小学 13 所(含教学点 2 个)。另有特殊教育学校 1 所,公办幼儿园 9 所,民办幼儿园 13 所。在园在校学生 15108 人,其中在园幼儿 2988 人,在校小学生 6852 人,初中生 2977 人,高中生 1446 人,职中生 772 人,特殊教育学生 73 人。在职教职工 1282 人,离退休 1085 人。

(二)教育事业"十三五"规划执行情况

1. 学前教育

启动并实施了学前教育三年行动计划,基本建成以公益普惠为主、均衡发展的学前教育公共服务体系。学前三年幼儿毛入园率达到 95%;全县在园幼儿 2988 人,公办园在园幼儿 1538 人,公办园在园幼儿数占比 51.5%;公办园和普惠性民办园在园幼儿 2425 人,普惠性幼儿园覆盖率 81.2%;幼儿园教师学历和资格持证上岗率逐步提高;幼儿园保教质量得到全面提升。2016 年以来,新建幼儿园 3 所,包括五峰民族工业园幼儿园、幸福幼儿园、采花乡中心幼儿园,并配备了必要的早教玩具、电教设备等。

2. 义务教育

义务教育阶段学校实行划片招生就近入学,逐步消除"择校""大班额"现象。针对偏远地区相对落后的乡村学校,探索了以强带弱、大手牵小手的教育扶贫模式,争取了宜昌市幼儿园、桃花岭小学、市十六中牵手傅家堰乡中小学校,实施了"三年教育质量提升计划",傅家堰乡教育教学质量明显提升。引进优质民办教育资源天问教育集团,聚合其管理、人才、智力、师资优势,按集团管理机制对长乐坪镇"乡村教育振兴试验区"实施托管,加快现代学校制度与乡村教育的深度融合,促进乡村教育振兴。与湖北师范大学开展战略合作,共建湖师大附属渔洋关中学、渔洋关小学。

利用国家"全面改薄"建设计划,聚焦乡镇所在地学校,按照"缺什么,补什么"的原则,确保薄弱学校校舍、运动场、生活设施、教育装备等达到国家标准。"十三五"期间,全县"全面改薄"项目总投资14161万元,其中寄宿制学校投入13306万元,小规模学校投资960万元。具体为:校舍建设项目44个,总投资9335万元;运动场建设项目9个,总投资2684万元;其他附属设施投资479万元;设施设备采购1663万元。通过实施"全面改薄"项目,新县城渔洋关镇形成"一所高中、一所职中、一所初中、两所小学、两所幼儿园"的校点新布局,同时保持老县城和西部乡镇校点建设力度不减、标准不降,全县薄弱学校办学条件得到全面改善,城乡生均教育资源进一步增多,寄宿制学校"两人一铺"问题得到彻底解决,学校面貌焕然一新,花园式校舍成为武陵山区一道亮丽的风景线。

着力推进全县教育信息化进程,补齐山区教育发展短板,全县学校录播教室覆盖每一个乡镇,多媒体一体机覆盖每一所学校,信息化教学覆盖每一个学生,区域现代化创建水平显著提升。

2017年12月18日,全县义务教育均衡发展工作以95分顺利迎接国检验收,获湖北省此次迎接验收第三名的好成绩,幸福小学完成"智慧校园"创建。

3. 高中教育

推进县高级中学特色品牌建设,提升县高级中学优质化水平。探索高中特色办学模式,促进多样化和个性化发展。深入推进县高级中学高中课程改革,鼓励学校在培养目标、课程设置、校园文化等方面突出特色。落实普通高中片区化办学改革要求,积极协调江南片区联盟"核心校"宜昌市一中,派遣学科备课组和相关教师为五峰高级中学教师开展培养培训活动。2016年,学校提出"办有尊严、体面、大气的县高",明确"办老百姓更加满意的平民教育,打造鄂西南窗口学校"的中远期发展目标。2018年五峰高级中学高考实现大转折,一本上线率21.5%,本科上线率68.4%;2020年实现大突破,一本上线率29.6%,本科上线率74.8%,30余名学生考入国家"双一流"大学。2019年9月,五峰高级中学被国务院表彰为全国民族团结进步模范集体。2020年高考,五峰高级中学一本上线率超湖北省平均上线率13个百分点;本科上线率超湖北省平均上线率约20个百分点。

4. 职业教育

通过"产教融合""能力提升"等中职项目建设,县职业高中实现整体搬迁,办学条件达到省级重点职业高中的标准。致力于创办特色职业教育,紧紧围绕地方支柱产业发展和区域经济发展需要,建好茶叶、农艺农机、计算机电商应用等特色专业,成功挂牌茶旅职业学校。深入推进产教融合、校企合作,把培养人才与服务企业发展、技能培训结合起来,实现教学与生产一线需求的"无缝对接"。大力服务五峰民族工业园发展,在园区设立"工学结合"教学点,开设"珠宝玉石加工与营销"专业。服务精准扶贫,整合县直部门培训资源,围绕促进劳动力转移和就业安置开展烹饪、月嫂、中蜂养殖、创业就业等培训。2016年来参与职业技能培训的学生达1.2万人次,其中贫困户报名人数5500人次。职业技能培训提升了贫困家庭的生产生活技能,激发了他们摆脱贫困的内生动力,基本实现了"职教一人,致富一家"的目标。《中国教育报》《三峡晚报》分别以"湖北五峰:教育扶贫打开'致富之门'""五峰职教中心造血式扶贫断穷根"为题,对五峰县贫困农民职业技能培训工作进行了宣传报道。成功承办2019年全国职业院校技能大赛(中职组)手工制茶赛项,赛项执委会评价五峰举办了一届"站位有高度、执行有力度、接待有温度、文化有厚度"的高水平精品赛事。2021年4月,农业农村部科技教育司正式公示乡村振兴人才培养优质校和农业科研院所名单,湖北省总共5所学校获评全国百强学校,五峰职业教育中心是宜昌市唯一获评该称号的学校。

5. 特殊教育

为落实《湖北省特殊教育提升计划(2018—2020)》,县特殊教育学校建成了中心资源教室,配齐配强了教育教学设备,安装了言语障碍矫治仪和多媒体感统康复设备,确保满足73名学生个性化教育和康复训练需求。残疾少儿入学94人,其中在特殊教育学校就读34人,在普通学校随班就读35人,送教上门23人,现在康复就医2人,所有残疾少儿全部得到安置,残疾少儿入学率100%。

6. 其他教育

教育资源更加丰富,服务县域经济社会发展的能力进一步增强。成人教育质量稳步提高,社区教育深入推进,民办教育进一步规范。学校与社会、家庭横向沟通,岗前教育和在职教育有效衔接。继续教育参与率大幅提升。

关心关爱留守儿童,大力加强留守儿童家长教育。依托各校(园)现有场所及资源优势,建立"留守儿童关爱服务中心",设立留守儿童活动室或亲情活动室、心理咨询室,配备相关设施设备,做到留守儿童在校活动有场所、生活有着落、学习有人帮、心理有人导、健康有人护,努力让全县932名留守儿童得到更好的关爱。

针对全县留守儿童家庭教育缺失的现状,与北京三宽教育科技有限公司合作,聚焦精准扶贫,从留守儿童家长教育为切入点,采用"扶志"与"扶智"相结合的工作方法,为留守儿童问题找到从家长教育入手改变留守儿童成长环境的新路径。2019年11月28日—29日,中国家长节落地五峰举办,"五峰教育精准扶贫与留守儿童家庭教育样本"受到专家的肯定和好评。中国教育新闻网、《三峡晚报》分别以"教育精准扶贫'一个都不能少'""五峰构建教育扶贫共同体"为题,对五峰县"家校社共育"实践区建设工作进行了宣传报道。央视新闻直播间、光明网等媒体对2019中国家长节进行了报道。

7. 教师队伍建设有序推进

坚持把加强教师队伍建设作为教育事业发展最重要的基础工作来抓。坚持"公平公正"的工作原则,营造教师安心从教的育人环境。全面加强管理干部队伍建设,选优配强学校领导班子,推动各项工作扎实有序进行。从严加强教师队伍管理,坚持把师德师风放在首位,涉及教师待遇事项实行师德师风一票否决制。顺利实施"县管校聘"教师管理体制改革工作,促进教师合理流动。着力打造一支"引得进、留得住、教得好"的山区教师队伍,坚持每年补充各类教师不低于30名,进一步改善教师年龄、学科结构;同时探索以强带弱模式,大力开展优秀教师送教下乡活动。积极实施宜昌市人民政府《加强全市乡村教师队伍建设实施细则(2016—2020年)》,健全乡村教师补充机制,择优安排新招聘教师在中西部乡镇学校工作,在评先表模、人才培养和选拔上,对乡村教师予以倾斜,有效解决了全县乡村教师"引不进、留不住"的问题。县内19所中小学对接武汉市区20所优质中小学,开展"手拉手"结对帮扶活动,采用跟岗学、现场引、网络研"三方式",提高五峰县广大中小学教师教育教学活动水平。与黄石港区教育局、宜昌市教科院签订三方合作协议,在五峰县初中推广运用黄石八中"四合一"文稿,实现了初中教师教学模式的根本转变,教学方式的不断优化。与湖北师范大学在五峰共建教师教育改革创新试验区,推进高校师范教育与五峰县基础教育深度合作,创新教师教育人才培养模式,形成职前培养、职中锻炼和职后培训相衔接的教师教育新机制。2020年暑期,湖北师范大学"国培计划""地培项目"培训班相继在五峰县开班,144名学员得到培训,大力提升了五峰县乡村教师和教育管理者的专业素养。全县教师学历合格率达到97.8%,各类骨干教师达到154人。

8. 教育资助全覆盖

全面摸清建档立卡家庭经济困难学生信息,建立从学前教育到大学阶段"从小到大"的资助体系,不让一个学生因贫失学。2015年以来,累计资助建档立卡贫困学生43458人次,资助金额3276万元。2019年,跟踪落实五峰籍县外就读义务教育阶段学生资助,对资助未落实的实行政府兜底解决,对春季学期260人、秋季学期 226 人,分别安排专项资金 13.5 万元、10.7 万元补发到位。做好大学生生源地助学贷款发放工作,2015 年以来,为 3350 人次建档立卡贫困大学生发放生源地助学贷款 2583.4 万元。

9. 经费投入持续增长

县委、县政府始终坚持"教育项目优先安排、教育资金优先拨付、教育需求优先满足"的"三优先"原则,建立了义务教育经费稳定增长机制,将城乡义务教育经费全面纳入财政保障范围,在全省山区县域率先确保义务教育教师工资待遇不低于公务员工资水平,教育投入达到了"三个增长"的要求。其中 2019 年底,县委、县政府决定将五项奖励性补贴纳入财政全额保障,支付 7000 万元解决了教师年终五项奖励性补贴,全年人均工资待遇超公务员 3053 元。2020 年,县政府拿出 50 万元用于教育系统各单位档案创建工作,确保所有教职工能在年终享受档案达标创建奖项政策。

10. 党的建设全面加强

全面贯彻习近平新时代中国特色社会主义思想和党的十八大、十九大精神,坚定落实中央全面从严治党要求,大力加强教育系统党建工作。完成全县教育系统党组织隶属关系调整。巩固和拓展党的群众路线教育实践活动成果,严格执行党的政治纪律、组织纪律、廉政纪律,规范教师从教行为。坚持立德树人,深入开展培育和践行社会主义核心价值观活动,深入推进"不忘初心、牢记使命"主题教育活动。严肃查处教师干部违纪行为,不断把党的建设推向前进。

二、存在的问题及原因剖析

"十三五"期间,五峰县教育得到显著发展,但由于五峰县教育体量大,制约教育事业发展的问题仍然存在,主要表现在四点。

(一)新县城学位供需不平衡

2016—2018 年,五峰县新县城渔洋关镇历经两年建设完善期,新县城城市骨架拓展,城镇化进程加速,城区流入人口持续增加,对义务教育学位供给与质量带来压力,导致教育负载量加大,教育资源供给紧张。

(二)优质学前教育资源不足

五峰县基本实现公办幼儿园教职工全员持证上岗,但师资队伍专业素质有待进一步提高。除幸福幼儿园、襄铁幼儿园教师配备和工资待遇由县财政保障外,其他乡镇公办幼儿园由小学改制而来,均挂靠中心学校,无机构编制,多是招聘教师(园长是公办教师)开展教学,教师待遇不高,培训培养和专业发展得不到有效保障。由中小学教师转岗的教师年龄偏大,受编制影响,不少幼教专业的年轻人流失。民办幼儿园城乡之间发展也极不均衡,部分民办幼儿园因招生规模小,收入少,日常运转艰难。

(三)部分农村学校发展滞后

部分农村学校规模小、发展空间不足,拉低了五峰县义务教育均衡发展的水平;新县城流入人口增加,随迁子女入学地由农村转向城区,部分农村教学点自然消亡现象与新县城学位偏紧现象同时存在。

(四)教育家型教师校长稀缺

教师队伍结构性矛盾突出,培养与管理机制有待进一步完善;部分学校教师学科性缺编、年龄层次不合理问题较为突出;教师专业技术职务校际、城乡分布差距大;义务教育教师高层次学历比例低,特级教师、名师名校长稀缺。县教师发展中心组织教师培训的能力方面有待提升。

三、"十四五"重点工作谋划

(一)"十四五"发展形势分析研判

"十三五"期间,五峰教育事业获得了长足的发展,但面对新形势仍存在一些亟待解决的问题。教育资源供给与人民群众优质多元需求、教育治理体制机制与教育现代化发展要求、教育服务能力与经济社会发展需要不相适应等矛盾依然突出。主要表现在:教育布局结构不尽合理,教育保障水平须进一步提高,中小学优质教育资源供给不足、学前教育短板突出;教育发展不平衡依然存在,城乡之间、区域之间、学段之间、学校之间仍须努力缩小差距;教育质量须进一步提升,科学的教育发展观、教育质量观须进一步确立,学校自主办学和创新发展不充分,教育教学理念与核心素养导向的教育变革还不相适应,教师队伍结构化矛盾较为突出,教师管理、评价、激励等机制有待完善;教育治理体系不够健全,体制机制改革有待深化;政府在深入推进管、办、评分离等方面与教育发达地区仍有较大差距。

"十四五"时期是我国"两个一百年"奋斗目标的历史交汇期,也是全面开启社会主义现代化强国建设新征程的重要机遇期,我国将从全面建成小康社会向基本实现社会主义现代化迈进。国家从"两个一百年"奋斗目标,确保中国特色社会主义事业后继有人,对中华民族伟大复兴具有决定性意义的事业的高度,把教育摆在优先发展的战略地位,强调重视教育就是重视未来、重视教育才能赢得未来。为推进教育公平、巩固提升普及"十五年"教育,补齐短板,缩小差距,推进义务教育优质均衡发展,全面提升教育教学质量,推进教育事业优先发展、强教先行提供了良好的历史发展机遇和强大动力。

1. 新时代新使命

习近平总书记在全国教育大会中指出:"坚持把服务中华民族伟大复兴作为教育的重要使命。"这是新时代党和国家对教育使命的新论断,将教育提升到中国特色社会主义事业发展的战略高度,肯定了教育在中华民族伟大复兴中的先导性、基础性、关键性作用。五峰教育事业应在统筹推进"五位一体"总体布局,协调推进"四个全面"战略布局的总体框架下,坚持新的发展理念,实现高质量发展,落实立德树人根本任务,着力培养德智体美劳全面发展的社会主义建设者和接班人。

2. 新时代新任务

由于自然、历史和社会等原因,五峰教育与党和政府的要求相比,与人民群众对教育的期盼相比仍有较大差距。主要表现在:学前教育教师不足,优质资源不足且不均衡;义务教育优质发展任务艰巨,学校布局有待进一步优化;职业教育"双师型"教师比例偏低;经费保障水平有待进一步提高;教育体制机制有待进一步理顺,教育系统自身治理能力有待加强;随着城镇化建设的快速发展,进城务工、营商、购房等人员随迁子女的增加,新县城教育资源供不应求。特别是优质教育的缺失与全县人民群众对县内优质教育的需求之间的矛盾,在很长一段时间还难以彻底解决,教育教学质量依然是困扰人民群众的最大问题,这些都将成为教育"十四五"面临的新的历史任务。

3. 新时代新期待

随着经济社会发展,公平教育、优质教育、终身教育成为人民群众对教育的新期待。城镇化、乡村振兴、渔洋关镇老城改造等对教育规划布局和教育资源配置提出新的要求,困难家庭子女、随迁子女、留守儿童等群体平等受教育的权利需要得到保障,人民群众对高质量教育日益增长的需求需要得到满足。这就要求五峰教育要加快完善现代化公共教育服务体系建设,提高优质资源供给能力,进一步缩小城乡之间、乡镇之间、学校之间的发展差距,办好人民满意的教育。

(二)"十四五"总体思路和发展目标

1. 总体思路

(1)指导思想。

以习近平新时代中国特色社会主义思想为指引,全面深入贯彻党的十八大、十九大和全国教育大会精神,全面贯彻落实党的教育方针政策,紧紧围绕促进教育公平、提高质量的主旨,以办好人民满意的教育为目标,落实立德树人根本任务,全面深化教育改革,强化教育保障,大力推进城乡教育一体化、教育服务均等化,为五峰经济社会发展提供有力人才保障和智力支撑。

(2)基本原则。

坚持党的领导原则。坚定不移地把党的领导贯穿到教育工作全过程,坚持正确的政治方向,着力加强教育系统党的思想建设、组织建设、作风建设、党风廉政建设、制度建设,强化基层党组织的创造力、凝聚力、战斗力,为教育改革发展提供坚强的政治保证和组织保障。

坚持优先发展原则。坚持把教育摆在优先发展的战略地位,经济社会发展规划优先安排教育发展、财政资金优先保障教育投入、公共资源优先满足教育和人才资源开发需要,为教育保障奠定坚实基础。

坚持改革创新原则。立足教育县情,深化教育综合改革,加强教育交流合作,通过改革、开放和创新,解决发展难题,激发教育活力,推动教育事业发展,全面提升教育质量。

坚持依法治教原则。全面贯彻落实国家教育法律法规,坚持依法办学、依法执教。切实保障群众受教育的权利和广大师生的合法权益,为教育改革发展创造良好的法治环境。

坚持立德树人原则。坚持把立德树人作为教育的根本任务,培养德智体美劳全面发展、爱党爱国的社会主义事业建设者和接班人。把社会主义核心价值观教育融入教育全过程,打牢中华民族共同体思想基础。

坚持促进公平原则。牢固树立以人民为中心的发展理念,坚持基本公共教育服务均等化,健全覆盖城乡的基本公共教育服务体系。优化教育资源配置,统筹推进县域内义务教育一体化和优质均衡发展,使每个孩子都能享受均等化的教育服务、接受更有质量的教育。

(3)发展定位。

优先发展教育事业,加快教育现代化,办好人民满意的教育。全面推进教育公平,提高学前教育普及普惠水平,推进城乡义务教育一体化和优质均衡发展,巩固提升高中阶段教育,积极发展特殊教育,努力让每个孩子都能享有公平而有质量的教育。

2. 主要目标

到2025年,基本实现"两县目标",即实现以"不断完善创新型开放式现代化教育体系"为主要内容的全省少数民族地区先进县目标和以"新红色教育、新生活教育、新乡村教育、新劳动教育"为特征的乡村教育特色县目标。

(1)教育规模与结构更加合理。

职教中心招生、师资、就业三大难题得到彻底解决,职业教育规模显著扩大;基础教育、特殊教育规模与人口发展、学位需求相适应,优质教育规模显著扩大;终身教育满足学习型社会建设需求。

(2)基本公共教育服务更加公平。

有效建立教育公共服务一体化。适应社会各群体多样化教育需求,实现人有所学,学有优教。学前教育公益普惠性进一步增强,优质均衡的义务教育公共服务体系更加健全,保障进城务工人员随迁子女、残疾儿童、家庭经济困难学生等适龄青少年能够平等地接受义务教育。

(3)教育引领与服务能力更强。

人才自主培养能力进一步提高,教育对经济转型、产业发展和技术创新的引领和服务能力进一步增强,适应市民终身发展和个性化发展的多样化需求。

(4)教育保障更加有力。

义务教育学校、高中阶段教育学校标准化建设全部完成。落实教育优先投入,确保教育经费投入"两个只增不减"。提升学校后勤保障水平,实现后勤基础设施标准化、学生上下学乘车便捷化、后勤治理科学化、食品安全零事故。

(5)办学条件更加现代化。

加快义务教育学校、普通高中学校、中职学校现代化设施设备建设。教育队伍专业化、教育信息化优势进一步增强,构建起"互联网+教育"的新模式。

(6)学校后勤服务更强保障。

重点实施学校后勤基础设施提升行动、学生上下学交通安全保障行动、学校后勤工作治理能力推进行动。

(7)集镇"智慧校园"建设更加普及。

坚持应用驱动,打造一体化智能教育云平台,加快智慧校园全覆盖;坚持融合变革,大力提升师生信息素养,探索信息化时代教与学新模式。

(8)安全文明校园建设质量更高。

全面贯彻实施《湖北省学校安全条例》,抓好条例的宣传教育,进一步提升校园安全法治意识和责任意识;健全学校安全风险防控机制,形成齐抓共管的学校安全格局,加强系统治理,强化责任,协同联动,进一步提升学校安全工作法治化水平。

(9)教育督导体系更加完备。

加快建立机制健全、手段科学、队伍专业的督政、督学、评估监测三位一体的教育督导体系。加强督政、督学、评估监测工作,促进教育评价和决策科学。

（三）"十四五"期间重大事项及重点推进项目

1. 重大事项

（1）加强教育系统党的建设。

在县委教育工作领导小组的领导下,加强学校党的建设,充分发挥学校党组织领导作用,强化党建带团建、队建。强化教育党支部建设,实施教育党支部书记"双带头人"培育工程。健全优秀党员、骨干教师相融合的"双培养"机制,加大对新入职教师国情国史教育力度。

落实全面从严治党主体责任,理顺领导管理体制,明晰政治责任,切实把全面从严治党主体责任向基层延伸。推动各级党组织建立完善党建工作责任制,明确党组织主体责任和党组织书记第一责任以及分管责任人的直接责任,强化班子成员"党政同责、一岗双责",强化问责追责,对党的领导弱化、党的建设缺失、全面从严治党主体责任落实不到位的严肃问责,切实把主体责任扛稳、抓牢、做实。坚持党建工作与中心工作同谋划、同部署、同检查、同考核,健全完善党组织书记党建工作述职评议考核制度,强化考核结果运用,逐层传导压力,逐级落实责任。

（2）促进各类教育协调发展。

①学校布局显著优化。不断提高城镇教育资源供给率,彻底消除"大班额",新县城新建1—2所幼儿园,支持改造民办幼儿园,大力引进优质教育资源,进一步加强集团化办学、合作办学,以新县城为引领推进城乡教育一体化发展。

②学前教育优质普惠发展。推进城乡学前教育资源布局一体化发展,构建以公益性、普惠性为主的学前教育公共服务体系,普惠性幼儿园覆盖率达到85%以上。扩大学前教育资源,重点发展新县城和集镇公办幼儿园,有1—2所幼儿园综合办园水平达到省级示范标准。到2025年,建设完成6—8所市级示范幼儿园,力争所有公办幼儿园达到市级示范幼儿园标准,学前三年幼儿教育毛入园率达到99%。

③义务教育优质均衡发展。进一步补齐义务教育短板,巩固义务教育成果,均衡配置教育资源,全面推进办学条件现代化,实现县域内义务教育优质均衡发展。进一步加强与湖北师范大学、黄石八中、武汉市19所优质中小学、天问教育集团合作,促进优质教育资源共享,使覆盖率达到90%以上。到2025年,小学、初中适龄儿童入学率达100%,九年义务教育巩固率达到100%。

④高中教育优质特色发展。贯彻落实《国务院办公厅关于新时代推进普通高中育人方式改革的指导意见》,聚焦学生深度学习,提升学生核心素养,全面提高普通高中教育质量。积极适应新高考,做好硬件配备、课程设置、教学指导、综合评价、学分和毕业认定等工作,确保高考综合改革稳步实施。实施普通高中提升

计划,加强高中学校现代化建设,配套完善设备设施。认真落实新修订的普通高中课程方案和课程标准,积极开发校本课程,构建有特色的高中课程体系。实施生涯规划教育,开设生涯规划课程,成立职业生涯指导中心,建设一支专兼结合的指导教师队伍,形成普及化、专业化生涯规划教育体系。实施普通高中"创新英才行动",探索县高级中学拔尖人才的培养机制,加大特长学生培养力度,不断提高学生综合素质。力争到2025年,建成鄂西南民族地区办学特色鲜明、文化内涵凸显、课程丰富多样的窗口学校,高考一本、本科上线率处于全市中上水平。

⑤职业教育产教融合发展。完善职业教育实训设施,培养"双师型"教师队伍,提升中职学校办学水平。大力开展"校企合作、校校合作、产业融合",持续推动县职教中心专业布局与结构调整,把专业建在产业链上,让专业跟着产业走、学校面向企业办。大力鼓励支持企业与县职教中心联合开设校企合作订单培养班。全面推进学徒制培养模式改革,促进企业参与职业教育人才培养全过程,实现课程内容与职业标准对接,教学过程与生产过程对接,提高人才培养质量和针对性。进一步加强与武汉职业技术学院合作,力争实现"3+2"中高职人才联合培养50人/年目标。逐步建立学生实习实训补助制度,增强职业教育吸引力,促进职业教育办学实力和服务五峰经济发展能力明显提升。以乡村振兴为主线,紧扣五峰县"一茶两中四园"特色产业发展布局,集中开展全产业链培训,"十四五"期间培育高素质农民5.55万人,努力打造武陵山区技能培训中心,建设具有鲜明产业特点和民族特色的乡村振兴人才培养优质学校,形成"以人才支撑产业、以产业吸引人才"的双赢格局。

⑥普特融合发展。加强专业化特教教师队伍建设,加大对特教教师的补充力度,力争2025年每个乡镇资源教室配备2名专职特教教师,对特教教师实行5年一周期不少于360学时的全员培训。加强普特结合,推进融合教育发展,建立以普通学校随班就读为主体、以特殊教育学校为骨干、以送教上门为补充的教育安置方式,力争让每一个残疾少年儿童都能接受合适的教育。

(3)着力加强教师队伍建设。

①加强师德师风建设。落实中小学师德师风建设长效机制。把师德师风作为评价教师队伍素质的第一标准,在教师资格准入、招聘考核、职称评聘、推优评先、表彰奖励等一切环节,严格实行师德"一票否决";推行师德考核负面清单制度,健全师德表彰奖励制度和教师违反师德行为的惩处机制;建立健全教师关爱机制,动员学校、社会关心支持教师,构建新时代尊师文化,让尊师重教蔚然成风。开展多种形式的师德教育,把教师职业理想、职业道德、法治、心理健康等教育融入培养、培训和管理的全过程,引导广大教师以德立身、以德立学、以德施教,努力建设一支有理想信念、有道德情操、有扎实学识、有仁爱之心的教师队伍。

②提升教师能力素质。逐年提高教师培训经费投入,改进教师培养机制、模式、课程,采取集中培训、远程培训、校本培训和分散研修相结合的方式,以"国培""省培""市培""县培""校本"五级培训为抓手,开展中小学教师全员培训,探索建立教师教育质量监测评估制度。加强与湖北师范大学的合作,加大乡村教师教育改革创新试验区建设力度,不断完成职前培养、职中锻炼和职后培训相衔接的教师教育新机制。建立培训学分与教师管理结合机制,建立中小学教师校长专业发展支持服务体系。加强教师发展中心建设,进一步提高其教师培训的组织与指导能力。加强教研队伍建设,发挥骨干教师和优秀教师的示范引领作用,鼓励青年教师参与教学团队、创新团队。实施中小学教师信息技术应用能力提升工程2.0,构建以校为本、基于课堂、应用驱动、注重创新、精准测评的教师信息素养发展新机制。完善教师校长培训体系,全面开展依法治教和教育信息化领导力培训,培养与提升校长和教育行政管理人员现代教育治理的意识和能力素养;将校长的专业化水平提升纳入教师培训内容,推动学校铸就先进的办学理念,强化校园特色文化建设,进一步明晰学校发展目标、学生发展目标。

③培养造就教学名师。鼓励教师在实践中大胆探索,创新教育模式和教育方法,形成教学特色,造就一批本土教育家。"十四五"期间,培养省特级教师3人,省市"名师"和"明星班主任""学科带头人"等40—50人,县级骨干教师150人,职业教育"双师型"教师15人。

④完善教师补充渠道。通过公开招聘、特岗计划、定向培养乡村教师、引进县外在编在职教师等渠道,继续加大中小学教师补充力度。推行更积极、更开放、更有效的人才引进政策,对县域教育急需紧缺的特殊人才,开辟专门渠道,实行特殊政策,实现精准引进。完善人才引进配套政策。根据学生规模核定学前教育教师编制,每年定量补充学前教育教师纳入财政供给,确保每个教学班有1名在编在岗教师。

⑤优化教师资源配置。完善城镇教师到乡村支教交流制度。继续坚持新聘教师农村学校任教五年服务期制度,将在乡村学校或薄弱学校任教经历作为城镇中小学教师晋升的必备条件。实施乡村教师荣誉制度。

⑥完善教师管理制度。深化教师"县管校聘"管理体制改革,健全事权、人权、财权相统一的教师管理体制。实行教师职称评审与岗位聘用相结合的办法,全面推进中小学教师职务(职称)制度改革。

(4)全面提高教学质量。

①强化管理,深化改革。完善中小学教育质量振兴计划,健全学校、教师、学生、教学、教研、管理和后勤服务等相关规章制度,强化学校管理,加大制度执行力度,促进学校管理制度化、规范化、科学化。提升学校管理现代化水平,按照经验

管理—制度管理—科学管理—卓越绩效管理脉络,不断提升管理层次。深化义务教育课程改革,落实国家课程计划,规范教学管理。深化教育人事制度、教师评聘制度和中小学教研联合体、教育共同体等综合改革,激发教育活力,全面提高教育教学质量。加快黄石八中"四合一"文稿本土化,构建更加以生为本的初中教学模式。

②抓特色教育促内涵发展。坚持"以学生为本,抓特色教育,促内涵发展"的办学理念。通过五年努力,逐步形成"一校一特色、一生一特长"的内涵发展新模式,全面提升办学品位。

(5)落实立德树人根本任务。

坚持把立德树人成效作为检验学校一切工作的根本标准,融入思想道德教育、文化知识教育、社会实践教育各环节,贯穿基础教育、高中教育、职业教育各领域。坚持不懈培育和弘扬社会主义核心价值观,大力加强爱国主义教育,深入推动习近平新时代中国特色社会主义思想进学校、进课堂、进头脑,教育学生志存高远、修好品德、学会感恩,自觉"听党话、跟党走",坚定"四个自信",努力成为一个有大爱、大德、大情怀的人。遵循教育规律,创新教育方法,坚持以智增智、以体强体、以美化美、以劳育劳,更加注重学生综合素质的培养,开齐开足体育课程,加强和改进学校美育工作,开展多种形式的劳动教育和劳动实践,加快形成全员育人、全过程育人、全方位育人的格局。全面落实政府主导责任,突出学校主体地位,调动相关部门、学校、家庭和社会各界力量,贯通校内外多种教育形式,把图书馆、博物馆、科技馆、纪念馆、少年宫、主题雕塑、运动场等建设成为开放多元、充满活力的教育平台,为培育时代新人提供更大空间、凝聚强大合力。

(6)着力推进乡村教育振兴。

①实施乡村振兴战略教育行动。借助城乡对口帮扶机遇,引进城市优质学校,盯准乡村教育发展"短板",精准发力,持续施策,加快推进城乡义务教育一体化进程。深化与武汉市19所优质中小学、黄石八中、天问教育集团的合作,积极搭建共享共建平台,从学校管理、教育教学、文化建设、教师培训等层面全面提高乡村教育水平。通过不断汲取优质教育资源,全面优化乡村教育环境,以教育为支点撬动乡村振兴,为助力全县乡村振兴贡献"教育力量"。

②加快湖北师范大学乡村教师教育改革创新试验区(五峰)建设。加强与湖北师范大学合作,根据五峰乡村教育实际需求,采取多种方式定向培养"一专多能""本土化"的乡村教师。高校毕业生取得教师资格并到乡村学校任教一定期限,按有关规定享受学费补偿政策。

③加大乡村教育投入,科学合理设置乡镇寄宿制学校和乡村小规模学校。对于乡镇寄宿制学校,要按照标准化要求,加强宿舍、食堂、厕所和体育运动场地建

设,配齐洗浴、饮水、取暖等学生生活必需的设施设备,全面改善学生吃、住、学、文化活动等基本条件,满足偏远地区学生和留守儿童的寄宿需求;对于规划保留的乡村小规模学校,要结合实际设置必要的功能教室,配备必要的设施设备,保障基本教育教学需要,防止盲目撤并乡村小规模学校人为造成学生辍学和生源流失,避免出现新的校舍闲置问题。

④完善乡村学校网络教学环境。为确需保留的乡村小规模学校建设专递课堂、同步课堂,共享优质教育资源,提高应用服务水平和信息化教学能力。

⑤加快新时代教育助力乡村振兴综合改革创新试验区建设。争取湖北师范大学体育学院、音乐学院和美术学院在五峰建立培训、写生、训练基地。

2. 重大项目

(1)学校重大项目。

一是学前教育项目建设。新建城区1所公办幼儿园,概算投资2000万元,建筑面积5000平方米。

二是义务教育项目建设。新建城区第二所初级中学,概算投资7000万元,新建校舍16000平方米,运动场8000平方米,购置教学仪器设备。新建城区第三所小学,概算投资5000万元,新建校舍12000平方米,购置教学仪器设备。改扩建湖北师范大学附中,概算投资2500万元,新建7人制足球场,建设面积4000平方米,架空一层,下设停车场;新建学生艺术楼3000平方米。

三是普通高中项目建设。新建县高级中学学生艺术综合楼,概算投资3000万元,新建艺术楼5000平方米及风雨操场。

四是职业教育项目建设。新建县职教中心茶旅实训基地,包括实训楼和"百茶园"等项目,计划总投资3200万元。

(2)招商引资重大项目。

一是依托湖北天问教育集团打造全国中小学劳动教育实验区。将生活劳动、生产劳动和服务性劳动全面整合利用,在长乐坪镇打造6个关于生活劳动教育的室内场馆:农耕馆、石磨馆、手工糖馆、编织馆、木器馆、土家染馆。争取其在周边县市区的劳动教育基地建设中起到带头作用,以此吸引城市中小学生到五峰开展体验乡土文化的研学旅行活动,以教育人流激活该镇乡村旅游,把长乐坪打造成乡村振兴的样板和试验区。

二是依托武汉文科生态环境有限公司打造"五大"基地。"五大"基地包含:①中国茶文化传承技能和教育国家基地。整合县职业中学、茶博馆、精制茶厂、青岗岭茶园、万里古茶道、茶店子自然村等资源,重点建设茶文化茶技能传承教育中心、茶马古道文化遗产教育园(汉阳桥—茶店子)、五峰县全域教育课程研发建设中心等。使五峰成为中国茶文化传承体验中心、茶技能劳动教育中心、以茶文化传承为核心特色的国家营地和研学目的地、茶文化传播的国家营地,吸引国内外大中小学生来五峰研学、修学等。②三峡茶乡大中小学生劳动教育实践基地。整合县职业中学、茶马古道教育园等资源,精心打造"三峡茶乡大中小学生劳动教育实践基地",吸引在宜、在汉以及其他地区大学、中小学学生来五峰参加劳动实践、乡村调研、老区寻访研学实践等。③革命老区三峡茶乡康养基地。整合各类康疗、康养、康教资源,以城关镇(老县城闲置国有资源)、长乐坪镇、湾潭镇等为重心,规划、布局、建设新康养、新康疗及新康教大基地,并吸引、招徕全国知名高校和知名大国企的重点客户,形成康养高端国家品牌。④武陵山体育训练国家基地。规划、布局、建设牛庄、湾潭、长乐坪竞技运动实训、中小学足球实训及高山滑雪等国家实习实训基地,并构建与国家体育总局、教育部合作关系,塑造五峰体育产业品牌等。⑤湖北后河自然生态教育国家基地。充分整合五峰县国家自然保护区、国家地质公园、国家湿地公园等资源,规划、设计、建设系统化、专业化、体验化、课程化国家基地,并招徕、吸引国内外青少年到五峰感受大自然、大生态、大森林、大乡村,使基地成为长江生态大保护的国家品牌。

三是依托武汉体育学院打造牛庄高山运动休闲特色小镇。通过加强与武汉体育学院合作,在牛庄谋划建设亚高原水上运动中心、足球运动训练基地、高山冰雪运动场等重点项目,帮助将牛庄打造为充满活力、体现时尚、彰显健康、探索潜能的宜居、乐业、康养、人文的高山运动休闲特色小镇。

四、实施教育事业"十四五"发展规划的保障措施

(一)加强教育工作领导

一是进一步落实政府推进教育改革和发展的责任,协调政府各部门齐心协力支持教育发展,动员和争取社会各方面关心支持教育事业,营造教育发展的良好氛围。二是切实加强学校领导班子建设,建立健全适应教育管理特点的干部选拔、任用和管理制度。三是加强学校基层党组织建设和党员队伍建设,健全党风廉政建设责任制,促进校园民主,推进校务公开。

(二)全力维护学校安全稳定

一是县委、县政府推动学校与相关部门、镇村的合作,及时化解教育改革和发展过程中的各种矛盾,加强校园周边治安综合治理,加强学校、家庭、社会和司法联动保护,有效预防未成年学生犯罪。二是加强安全教育和管理,加强对师生的宣传教育力度,强化各种防范演练,保障全县学校正常教育秩序和全体师生的

安全。

（三）优化教育法制环境

一是积极开展普法教育,进一步增强法治观念,提高依法行政和依法治校的能力和自觉性。二是完善县人大检查教育法律法规贯彻执行情况的工作机制,充分听取县政协的意见和建议,保障教育顺利发展。三是加强教育行政执法与执法监督,及时查处各类教育违规违法办学行为。四是深入推进依法治校,依法保障教师学生的合法权益。

（四）继续加大教育经费投入

一是坚持政府投入为主、多渠道筹措经费的教育投入体制,进一步完善教育公共财政体制改革。二是坚持教育优先发展,不断加大政府对教育的投入,保持"三个增长"。三是完善学生资助体系,保证贫困学生顺利入学。四是进一步规范经费管理,提高经费使用效益。规范学校财务管理,加强项目资金管理。建立健全教育系统内部审计制度,完善监督机制,预防和查处各种违规违法行为,确保经费安全。

（五）进一步完善教育督导制度

一是加强乡镇政府履行教育工作职责督导,完善义务教育督导评估制度,定期或不定期对乡镇政府及职能部门解决教育重点、热点、难点问题的工作情况进行检查,促进教育健康发展。二是加强教育督导队伍建设,努力建立一支观念现代、素质全面、专业精良、品行高尚的专兼职督导队伍。

附件 1 五峰土家族自治县"十四五"学校布局规划表

乡镇	普通高中 学校数	普通高中 学校名称	职业高中 学校数	职业高中 学校名称	特校 学校数	特校 学校名称	初中 学校数	初中 学校名称	九年一贯制学校 学校数	九年一贯制学校 学校名称	小学 学校数	小学 学校名称	教学点 学校数	教学点 学校名称	公办幼儿园 学校数	公办幼儿园 学校名称	备注
合计	1		1		1		5		4		7		5		10		
仁和坪							1	仁和坪中学			2	仁和坪小学 升子坪小学			1	仁和坪中心幼儿园	
渔洋关	1	县民族高中	1	县职业教育中心	1	县特校	2	渔洋关中学 渔洋关第二初级中学			3	渔洋关小学 幸福小学 李家坪小学	2	涨水坪小学 西流溪小学	3	幸福幼儿园 襄铁幼儿园 第三幼儿园	
长乐坪									1	长乐坪镇中小学			1	大松树小学	1	长乐坪镇中心幼儿园	
五峰镇							1	县实验中学			1	县实验小学	2	三坪小学 谢家坪小学	1	实验小学附设幼儿园	
渔潭镇									1	渔潭镇中小学					1	渔潭镇中心幼儿园	
采花乡							1	采花乡中学			1	采花乡小学			1	采花乡中心幼儿园	
傅家堰									1	傅家堰乡中小学					1	傅家堰乡中心幼儿园	
牛庄乡									1	牛庄乡中小学					1	牛庄乡中心幼儿园	

附件2 2021—2025年五峰土家族自治县教育项目建设规划表

序号	项目名称	建设性质	规划建设内容及规模	项目布局（建设地点）	预计到"十三五"期末累计完成投资总投资/万元	"十四五"规划情况							效益分析	
						总投资及资金来源					新增现价产值	新增建设用地/公顷	财政增收	农民增收
						合计/万元	国家投资/万元	银行贷款	招商引资	地方自筹				
	教育事业发展项目/个				34900	34900	34900					88		
一	义务教育项目建设				25200	25200	25200					75		
1	渔洋关第二初级中学	新建	新建校舍16000平方米,运动场8000平方米,购置教学仪器设备	渔洋关镇	7000	10000	10000					50		
	工业园小学	新建	新建校舍9000平方米,购置教学仪器设备	工业园区	4000	4000	4000					5		

续表

序号	项目名称	建设性质	规划建设内容及规模	项目布局（建设地点）	预计到"十三五"期末累计完成投资 总投资/万元	总投资及资金来源 合计/万元	国家投资/万元	银行贷款	招商引资	地方自筹	"十四五"规划情况 新增现价产值	新增建设用地/公顷	效益分析 财政增收	农民增收
2	李家坪小学运动场及附属工程	新建	新建运动场6000平方米,架空一层,校园道路及管网建设,教学仪器设备购置	渔洋关镇	3000	3000	3000							
3	渔洋关中学足球场	新建	新建7人制足球场,建设面积4000平方米,下设停车场	渔洋关镇	3000	3000	3000					7		
4	渔洋关中学艺术楼	新建	新建学生艺术楼3000平方米	渔洋关镇	1000	1000	1000							
5	采花乡中学教学楼	新建	拆除重建教学综合楼4000平方米	采花乡	1200	1200	1200							
6	县实验小学综合楼	新建	新建学生综合楼5000平方米	五峰镇	1500	1500	1500					3		

续表

序号	项目名称	建设性质	规划建设内容及规模	项目布局（建设地点）	预计到"十三五"期末累计完成投资总投资/万元	"十四五"规划情况							
						总投资及资金来源				新增现价产值	新增建设用地/公顷	效益分析	
						合计/万元	国家投资/万元	银行贷款	招商引资	地方自筹			财政增收	农民增收
	县实验小学运动场	扩建	扩建运动场4000平方米	五峰镇	300	300	300							
7	五峰镇中学篮球场	新建	新建篮球场2个,建设面积2000平方米	五峰镇	200	200	200							
8	傅家堰乡中小学	新建	新建学生综合楼1500平方米	傅家堰乡	500	500	500							
9	校门及停车场建设	新建	新建牛庄中小学、湾潭中小学校门及停车场		500	500	500							
二	学前教育项目建设				1500	1500	1500					10		
1	第三幼儿园	新建	新建综合楼3000平方米	渔洋关镇	1500	1500	1500					3		
三	特殊教育项目建设				1200	1200	1200					10		

续表

序号	项目名称	建设性质	规划建设内容及规模	项目布局（建设地点）	预计到"十三五"期末累计完成投资/万元	总投资及资金来源"十四五"规划情况							效益分析	
						合计/万元	国家投资/万元	银行贷款	招商引资	地方自筹	新增现价产值	新增建设用地/公顷	财政增收	农民增收
1	五峰土家族自治县特殊教育学校	新建	新建综合楼3000平方米	渔洋关镇	1200	1200	1200					10		
四	普通高中项目建设				4000	4000	4000							
1	县民族高中学生艺术楼	新建	新建艺术楼5000平方米及风雨操场	渔洋关镇	4000	4000	4000							
五	职业教育项目建设				1000	1000	1000							
1	县职教中心实训楼	新建	新建学生实训楼3000平方米	渔洋关镇	1000	1000	1000							
六	教育信息化				2000	2000	2000							
1	学校网络改造升级				1000	1000	1000							
2	智慧化校园建设				1000	1000	1000							

附件3 五峰土家族自治县"十四五"教师队伍建设规划

一、"十三五"期间五峰县教师队伍建设的成绩与不足

(一)教师队伍建设主要成效

"十三五"期间,县委、县政府高度重视教师队伍建设,教师管理体制机制建设取得初步成效,教师专业素养得到普遍提升,教师职业道德水平显著提高,有力地促进了五峰县的教育事业的发展。具体表现在以下几个方面。

1. 教师管理体制机制改革初见成效

2019年,"县管校聘"改革在全县义务教育学校全面展开。因事设岗,全员竞岗,增强了全体教职工对自己工作岗位的敬畏之心,增强了全体教职工的工作责任感和使命感,增强了全体教职工的纪律意识和规矩意识;成立教师发展中心,统筹全县教职工队伍的建设和管理;校级管理干部坚持实行届期制和任期制,届满考核,能者上,庸者下。教师队伍管理体制逐步理顺。

2. 教师队伍新生力量得到有效补充

"十三五"期间,通过人才引进和公开招考方式共补充新教师152人,外地调入3人。其中,高中教师27人,义务教育教师110人,学前教育教师18人,极大地改善了教师队伍特别是义务教育教师队伍年龄结构和学科结构。针对牛庄乡的特殊地理位置情况,定向招聘3名教师到该乡工作,签订9年服务协议。2016年一次性将107名编外聘用教师纳入编内管理,妥善解决了编外招聘教师的历史遗留问题。

3. 教师专业激励、榜样引领作用逐步显现

2018年县教育局出台了《五峰土家族自治县中小学教师专业荣誉制度(试行)》,建立了骨干教师、五峰名师两级专业荣誉制度,对接市级杰出校长、名师、学科带头人、明星班主任、明星管理者等专业荣誉制度。现有"宜昌名师"7人,市级"明星班主任"9人,市级"学科带头人"16人,"五峰名师"51人,县级骨干教师154人。年年开展优秀教师表扬活动,20名教师被县人民政府授予"五峰园丁"称号,30名教师被县人民政府表扬为"优秀教师"。

(二)教师队伍建设的主要不足

1. 教师专业素养整体不高

20世纪90年代毕业的师范专业专科生、中专生逐渐步入老龄化,新补充教师

特别是义务教育教师师范专业教师占比较低,导致专任教师的学科专业素养和教师综合素养整体水平不高。

2. 教师队伍结构不合理

专任教师老龄化、学科结构不合理的现象依然存在,优秀教师资源城乡分布不够合理,心理健康、生命安全等学科专业教师缺乏,村级小学音乐、体育、美术等学科专业教师配齐配足有困难。

3. 优秀教师稳定性不高

由于交通相对闭塞,县域社会经济发展水平与发达地区比相对落后,优秀青年教师招不进、成熟学科教师留不住的现象依然存在,教师职业吸引力不强。

二、"十四五"期间教师队伍建设目标与思路

(一)指导思想

以习近平新时代中国特色社会主义思想为指导,坚持全面深化改革,全面贯彻党的教育方针,坚持社会主义办学方向,落实立德树人根本任务,遵循教育规律和教师成长发展规律,加强师德师风建设,提升教育教学能力,全方位提高教师队伍素质,促进教育质量提升,推动全县教育均衡发展。

(二)总体目标

到 2025 年,建设一支数量充足、结构合理、师德高尚、业务精湛、充满活力的教师队伍,为提升五峰县综合教育质量提供坚强师资保障。

(三)主要任务

1. 进一步深化"县管校聘"教师管理体制机制改革

在已经开展义务教育阶段"县管校聘"改革的基础上,将"县管校聘"教师管理体制改革在全县教育系统全面推开。充分发挥教师发展中心职能,对全县教师实行编制统管、人员统配、经费统筹,真正实现"学校人"向"系统人"的转变。各教育事业单位推行"科学设岗、按岗聘用、动态管理"的人员管理模式,最大限度调动教职工的积极性。进一步完善岗位设置实施方案,改革职称评审制度,中、高级职称评聘进一步向农村学校教师倾斜,更好发挥职称评聘在教师队伍建设和管理中的导向作用。

2. 完善教师队伍补充机制

抓住与湖北师范大学战略合作机遇,多方争取政策,采取定向招录、定向培养、定向使用的方式,稳定建立以本地来源为主的相对稳定的教师补充机制,确保

教师招得进、留得住、教得好。继续依托省义务教育教师公开招录平台招录新机制教师,确保农村义务教育学校教师得到充足补充。

3. 强化师德师风教育,提升职业道德水平

持续开展师德培育专题教育,开设道德讲堂,宣传"最美教师",评选师德标兵,树立师德榜样。严格师德考核,严肃查处违反师德的行为,引导教师依法从教、廉洁从教。深入开展"不忘初心、牢记使命"主题教育,增强党员教师"四个意识",充分发挥党员教师的示范引领作用,营造风清气正、人人争做"四有"好教师的良好氛围。

4. 建立科学合理的考核评价和待遇分配机制

落实各级工资和津贴补贴政策,确保教师平均工资收入水平不低于公务员平均工资收入水平。优化奖励性绩效工资和年终目标责任考核奖分配机制,将学校综合办学水平和教师教育教学质量与资金额度分配挂钩,修订完善《五峰土家族自治县中小学教职工目标考核及待遇分配指导意见》,奖优罚劣,奖勤罚懒,真正实现多劳多得、优劳优酬。充分激发广大教师干事创业的积极性和创造性。

5. 着力专业培训,提升业务能力

持续抓好国培、省培、市培各级业务培训,制定符合实际的、接地气的县本级教师培训计划,抓校本研修,立足岗位练技能。加强教育管理干部培训和考核,提升学校特别是校长的管理水平,至2025年,计划培养市级杰出校长3—4人。落实《五峰土家族自治县中小学教师专业荣誉制度》。加强市县名师、学科带头人、明星班主任培养和培训。"十四五"期间,计划培养省特级教师3人,省市名师和明星班主任、学科带头人等40—50人,县级骨干教师154人,职业教育"双师型"教师15人。

(四)主要措施

1. 加强组织领导

积极主动争取县委、县政府对全县教师队伍建设和管理工作的重视和领导,加强与编制部门、人社部门、财政部门等相关部门的沟通与协调,建立联动机制,强化部门责任,为全面加强各级各类学校教师队伍建设提供坚强组织保证。

2. 保障经费投入

对上积极争取资金,对内调整支出结构,对下严格预算管理,在教师培养培训、教师待遇保障等方面确保经费投入。

3. 营造尊师重教氛围

狠抓"质量振兴工程",全面提升教育质量,树立行业良好形象,赢得社会尊重、部门认同,形成教师职业受尊敬、教育行业受重视的良好氛围。

4. 强化监督指导

对接上级主管部门,对各级各类学校教师队伍建设和管理工作进行专项督导,对教师职业道德教育、编制及岗位管理、绩效评价考核等进行考评,以督促改,以评促变。

第十三章 乡村振兴人才培养优质校名至实归——五峰土家族自治县乡村振兴人才培养优质校自荐材料

一、基本情况

五峰土家族自治县地处鄂西南,与湘鄂两省六县市(石门县、松滋市、鹤峰县、巴东县、宜都市、长阳土家族自治县)交界。五峰是典型山区,全境皆山,属武陵山支脉,以喀斯特地貌为主,最高海拔2320米,平均海拔1100米,居全省第二;全县海拔2000米以上的高山有32座,占宜昌市的60%,属亚热带温湿季风区,山地气候显著,四季分明,年均日照1533小时,年均气温13—17℃,无霜期240天,年均降水量1600毫米/166天。

五峰是少数民族聚居地区,国土面积2372平方公里,辖5镇3乡、108个村(社区),总人口20.8万人,其中以土家族为主的少数民族人口占84.8%。五峰是革命老区,属湘鄂西革命根据地的重要组成部分,贺龙、廖汉生等老一辈革命家曾在五峰境内长期领导革命斗争,1979年五峰被首批确定为全国革命老区县。五峰属国家武陵山集中连片特困地区,县域经济社会发展相对落后,突出表现为"穷在财政,弱在工业,根子在区位交通",财政自给率不足15%。至2019年末,全县一般公共财政预算收入3.38亿元,农村常住居民人均可支配收入11482元。

五峰拥有众多发展机遇和政策关怀,发展潜力巨大,后发优势明显。

(1)政治政策优势。五峰拥有国家武陵山集中连片特困地区扶贫开发、国家主体功能区建设以及湖北省"616"工程、武陵山少数民族试验区、武汉市对口支援、宜昌市区对口支援等重大政策机遇。

(2)自治优势。五峰是湖北省仅有的两个少数民族自治县之一,可以通过地方立法来营造有利于发展的环境,利用民族政策广泛争取支持,推动发展。

(3)生态环境优势。五峰地处鄂西南山区,地跨东经110°15′—111°25′、北纬29°56′—30°25′,全县森林覆盖率达81%,居全省县域之首,是中国"天然氧吧"、重要的"生态屏障",拥有后河国家级自然保护区、柴埠溪国家森林公园、五峰国家地质公园、百溪河国家湿地公园四大"国字号"生态品牌。

五峰职业教育办学历史悠久,五峰职教中心是全县唯一一所职业中等专业学校。从1958年开办农业高中算起,五峰职教历经了60余年发展历程。2012年来,县委、县政府站高谋划职业教育的发展,与县城避险搬迁重建同步规划,发扬愚公移山精神,筹资近1.5亿元在新县城渔洋关镇簸箕山兴建了职教新校区。新校区总占地面积380余亩,风格独特,环境优美,2016年正式投入使用。学校现有教学楼、报告厅、学生公寓楼、食堂等总建筑面积2.4万平方米,可满足1500余名师生学习、工作需求。投资1400余万元完成了校园信息化建设。总投资4600余万元的体育场成为2021年宜昌市六运会和2022年湖北省第十届少数民族运动会主会场。规划投资3000余万元的茶旅产教融合实习实训基地计划于2021年完成主体工程。学校现有教职员工100余名,中职学生800余名,成人学历教育学生稳定在600余名,每年完成各类技能培训3000余人。综合来看,五峰职教中心是一所以中职茶旅特色专业教育和农民培训为主阵地的"三农"一线中职学校。

二、工作背景

(一) 政策时代背景

2014年来,国务院、湖北省人民政府、宜昌市人民政府共出台了6个关于加快职业教育发展的核心文件,分别是:2014年5月,国务院下发的《关于加快发展现代职业教育的决定》(国发〔2014〕19号);2014年11月,湖北省人民政府下发的《关于加快发展现代职业教育的决定》(鄂政发〔2014〕51号);2015年4月,宜昌市人民政府下发的《关于加快发展现代职业教育的实施意见》(宜府发〔2015〕13号);2017年11月,湖北省人民政府下发的《关于进一步推进职业教育发展的意见》(鄂政发〔2017〕55号);2018年11月,宜昌市人民政府下发的《关于进一步推进职业教育发展的意见》(宜府发〔2018〕26号);2019年1月,国务院下发的《国家职业教育改革实施方案》(国发〔2018〕4号)(简称《职教20条》)。这一系列职教政策文件,使五峰职教发展赢来了黄金机遇期。五峰独特的地理区位,使五峰职教在中西部地区、少数民族地区和贫困地区具有较好代表性。五峰职教必须立足区域优势和特色,扎实贯彻执行国家《职教20条》,走出一条中西部贫困地区职教服务经济社会发展的新路子。

(二) 地方产业背景

五峰属农业大县,更是全国产茶大县和生态旅游大县,茶业和生态旅游业为五峰最大特色支柱产业,全县拥有茶园 22 万亩,共有 4.2 万农户 13.5 万人从事茶旅产业,占全县劳动力总人口的 80% 以上,成功创建"国家农村产业(茶叶)融合发展示范园",被国家发改委确定为"乡村振兴"规划实施固定联系点,国际茶叶委员会授予五峰"世界茶旅之乡""世界茶旅古镇"美誉。在巩固精准脱贫成果、纵深推进乡村振兴和全面建成小康社会中,都离不开"茶旅"产业的进一步发展壮大,迫切需要职业教育培育出大批懂茶爱茶、立足茶旅、扎根五峰,具备广博茶旅知识、相应职业资格和专业技术技能的高素质专门人才。这一产业发展需求,明确了"十四五"职教发展在乡村振兴中的新任务、新要求。鉴于此,县委、县政府提出了"强民族职教品牌,走茶旅特色道路"的职教发展战略。

(三)区域经济背景

中国四大茶区共有茶园面积 4600 万亩,随着"两山"理念的进一步实践,茶业将在乡村振兴中发挥核心支撑作用。同时,中国茶旅融合产业在近十年发展迅速,将成为未来农村生态经济、绿色产业、持续发展的主流经济形态。五峰位于中部地区的江南茶区,主产绿茶,在全国茶业发展格局中举足轻重。五峰生态资源丰厚,旅游产业潜力无限,茶旅融合发展更将成为中国绿色经济的一面旗帜。五峰位于武陵山区,对武陵山周边 60 多个县(市、区)具有较强辐射带动作用。站在区域和全域高度谋划茶旅产业发展,必须同步谋划培育大批茶旅技术技能人才和产业致富带头人。以五峰为圆心,以五峰职教为依托,以茶旅专业人才培养和涉茶涉旅技能培训为重点,有针对性地培育区域产业需求人才,将切实发挥"点示范、面带动、连成片、组成团"的产教融合综合效益,为乡村振兴人才培养做出职教应有贡献。

三、前期基础

(一)优势独具的茶旅产业基础

乡村振兴,茶旅先行。五峰历届县委、县政府践行"两山"理论,坚持绿色发展,打造了底蕴深厚的茶旅特色产业基础,茶业已发展成为五峰名副其实的富民富县优势产业。

在产业规模和就业结构上,全县 8 个乡镇共有 4.2 万农户 13.5 万人从事茶旅产业,现有茶园总面积 22 万亩,采摘面积 19.6 万亩,茶叶年总产量 2.29 万吨,茶农鲜叶收入 4.73 亿元,茶叶农业年产值 9.56 亿元,占农业年总产值的 23%。茶业年综合产值 23 亿元。在茶业龙头企业建设上,湖北采花茶业已发展成为国家级农业产业化重点龙头企业和湖北省茶叶领军企业,五峰千珠碧等11家茶叶企业先后被认定为省级、市级农业产业化重点龙头企业。目前,全县已登记注册茶叶加工企业210家,茶叶专业合作社65家,其中国家级合作社4家。

茶叶生产标准体系不断完善,企业标准覆盖率达100%,先后出台了严于国家标准的《五峰绿茶》《采花毛尖茶》等4项湖北省地方标准,有6家企业采用了国际标准或国外先进标准。

在茶业历史文化上,五峰是古老的茶叶产区,也是宜红茶的发源地和核心产区。现生长在采花乡白水村的"一片(Pǐ)冠"古茶树,树龄有1000多年。1985年出土的"英商宝顺合茶庄"金字招牌,进一步佐证了五峰古老久远的茶叶生产史。据县志记载,1824年(清道光四年),广东钧大福、林子臣等茶庄商人,先后带领江西技工到渔洋关传授红茶采制技术,设庄收购红茶,产品运汉转广州和俄罗斯。民国初年,俄商、英商、汉阳茶商纷纷在渔洋关设立茶庄、茶号,鼎盛时达到22家。湘鄂西石门、咸丰、宣恩、鹤峰等地的茶叶集聚渔洋关,精制成茶砖后运汉,一时间渔洋关"茶工万计,骡马千匹,木船百只,街市热闹,通宵达旦",素有"小汉口"之称。特别是由茶商捐资修建的古茶道自鄂西恩施、湖南石门、长阳都镇湾汇集到五峰渔洋关,现有遗存300多公里,沿途茶栈、茶亭、古桥、石碑齐全,被誉为"全国第三次文物普查新发现",已被纳入《中国世界文化遗产预备名单》。

在茶业品牌建设上,五峰属"中国茶叶之乡""中国名茶之乡""全国无公害茶叶示范县""国家农产品质量安全县""全国重点产茶县"(到2018年连续9年)和"全国十大生态产茶县",2016年荣获全国十大"魅力茶乡"称号,2017年获得"世界茶旅之乡"称号,2018年渔洋关镇获得"世界茶旅古镇"称号,被中国茶叶流通协会授予"2018中国茶叶百强县"称号。五峰是全国第一批绿茶农业标准化示范区,也是湖北省首个茶叶知名品牌创建示范区。完成了10万亩全国绿色食品原料基地(茶叶)建设,启动了国家茶叶公园创建试点工作和五峰田园综合体建设。

在茶业质量标准建设上,积极开展"三品一标"产品和生态原产地保护认证工作。拥有无公害产品17个,绿色食品5个,有机食品6个。"五峰绿茶"生态原产地产品保护7个,"采花毛尖"先后获得"湖北名茶第一品牌""中国名牌农产品""中国驰名商标"等称号。"采花"品牌价值被评估为9.25亿元,被授予"最具发展力品牌"。2016年,"五峰绿茶"被推荐为"全国十大绿茶公共品牌","五峰宜红茶"在第四届"国饮杯"全国茶叶评比中荣获一等奖。2017年,地理标志证明商标"五峰红茶""五峰毛尖"获批。2018年"五峰绿茶"品牌价值3.88亿元。

在茶旅融合发展上,2018年4月,五峰古茶道茶旅线路分别被中国农业对外合作促进会茶委员会和中国茶叶流通协会授予"茶乡旅游精品线路""全国十大茶旅金牌路线"。2018年11月,五峰被中国茶叶流通协会授予"2018中国茶旅融合竞争力全国十强县"称号,被确定为中国茶旅大会永久会址,同时被湖北省发改委推荐为国家农村产业融合发展示范园创建县。2018年,五峰县有2人被认定为市级"宜红茶"非遗传承人,目前正在申报省级非遗传承人。2019年5月,青岗岭茶叶公园被评为"中国美丽茶园"。五峰精制茶厂于2018年11月被列入第三批中国20世纪建筑遗产项目;万里茶道五峰段于2019年1月被湖北省人民政府公布为第七批省级文物保护单位;同年3月,五峰古茶道汉阳桥段被列入《中国世界文化遗产预备名录》。

(二)因地制宜的特色产业基础

五峰不仅茶旅优势明显,以中药材、中蜂、五倍子、林业花卉苗木、干鲜果、特色养殖等为主体的特色种植业、养殖业更是异军突起。五峰拥有中药材品种893种,其中有31种国家一级、二级保护药用植物及12种珍稀名贵药材,全县中药材种植总面积已达20万亩以上,成为湖北中药材资源大县。五峰属五倍子核心产区,国家林业和草原局批准在五峰组建"全国五倍子高效培育与精深加工工程技术研究中心",成功创建"中国五倍子之乡"。五峰探索并形成了"林药蜂"循环发展模式,全县中蜂养殖达到7.1万群,蜂蜜年产量达40万公斤,综合产值过亿元,被中国蜂产品协会评为"全国中蜂产业扶贫典范县",授予"全国蜂产业发展突出贡献奖"。2020年,县委站高谋划"十四五"现代农业发展,提出抢抓国家农村产业融合发展示范园机遇,培育壮大"一茶两中四园"七大特色产业,在推进茶产业壮大、巩固1万亩、新建1万亩欧盟标准出口茶基地;加快形成"西南茶叶市场+茶叶公园+茶工业遗址+古茶道+茶企+茶叶基地"的基础上,力争中蜂达到10万群、蜂蜜年产量达到100万斤、蜂农年现金收入过亿元;加快发展现代中药产业,力争发展木本药材基地2万亩、草本中药材基地1万亩,高标准建设高山蔬菜、精品水果、花卉苗木示范基地等。

(三)产教融合的职业教育基础

近年来,特别是《职教20条》颁布以来,五峰职教中心立足区域产业需求,以"产教融合、校企合作"为办学宗旨,按照"专业设置与产业需求对接、课程内容与职业标准对接、教学过程与生产过程对接、学历证书与职业资格证书对接"要求,突出特色专业建设,突出农民技能培训,突出社区终身教育,在服务精准脱贫工作中发挥了积极作用,得到了国家、省、市、县各级各部门和社会的良好评价。

一是专业建设紧贴产业。五峰职教中心紧密结合地方产业需求办学,学校专业建设全面重构,与武汉职院、三峡职院联合实施"3+2"人才贯通培养,以茶叶特色专业为基础,新开设了移动商务、康养休闲旅游服务等专业,目前中职学历教育共有茶叶生产与加工、移动商务、康养休闲旅游服务、计算机、现代农艺、珠宝玉石加工与营销六大专业,学校招生规模年净增20%,本地生源留县就读率达到80%以上。五峰职教中心连续6年承办宜昌市职业院校涉茶赛事,2019年成功承办了全国职业教育涉茶技能大赛。国家民委向教育部致专函肯定五峰职教工作,宜昌市教育局向宜昌市政府上报请示,要求市、县农业农村部门重点扶持五峰职教发展,2020年,五峰职教中心获得教育部大赛办"突出贡献奖"荣誉。

二是技能培训成效明显。五峰职教中心结合全县精准脱贫,集中县域优势资源,与华中农业大学、湖北中医药大学、武汉商学院等合作,大力开展涉农技能培训,现年培训规模接近3000人。主要培训课程为茶叶加工、生态旅游、中蜂养殖、中药材种植、五倍子生产等现代种植、养殖业及烹饪、农家乐、月嫂等现代服务业。《中国教育报》《三峡日报》分别以"教育扶贫打开致富之门""五峰职教中心造血式扶贫断穷根"为题给予专题报道,五峰职教中心被市、县农业农村、扶贫开发、总工会、人社等部门确定为定点技能培训单位。五峰成人教育位居湖北前列,结合成人学历教育、技能培训和终身学习,全县8个乡镇社区教育学校挂牌运作,2020年获得"湖北省社区教育工作先进单位"称号。

三是基础建设不断完善。五峰职教中心属新建校区,距离县城核心区3公里,位于县城西侧的簸箕山,总占地面积380余亩,发展空间广阔。建成面积2.4万平方米,体育场占地面积1.9万平方米。目前,正在规划新建与体育场配套的运动员村(培训中心),总投资近2000万元,可与中职教育专业实训、新型职业农民培育、实用技能培训充分结合,使单次培训容量达到500余人。学校正规划建设茶旅产教融合实习实训基地,概算总投资3000余万元,可满足学生实习实训、农民技能培训、科普推广、文化传承、研学旅行等综合需求。

四是组织领导扎实有力。县委、县政府高度重视职教事业,县委常委会坚持每年听取2次职教工作汇报,县人民政府定期办公研究部署职教工作。2020年5月,县委在五峰职教中心挂牌设立"茶旅文化研究中心",在湖北省率先出台了县级《关于加快推进现代职业教育发展的意见》,从思想认识、发展目标、特色发展、产教融合、教师队伍、技能培训、经费保障等15个方面绘就了"十四五"民族职教发展蓝图。6月,县教育局、财政局、人社局联合批复了《兼职教师管理办法》,进一步保障了新时期职教跨越发展师资队伍建设需求。7月,县人民政府向省教育厅上报了《关于支持五峰职业教育实施"茶旅产教融合"特色发展的请示》并得到了省教育厅的大力支持,使五峰职教特色发展方略进一步明确。

四、工作方案

(一)指导思想

以习近平新时代中国特色社会主义思想为指导,贯彻党的十九大和十九届二中、三中、四中、五中全会精神,牢固树立新发展理念,围绕"三农"(农业、农村、农民)、"三生"(生产、生态、生活)、"五大振兴"(产业、人才、文化、生态、组织)主题,系统梳理人才需求,突破传统学校围墙内办学局限,更新育人理念,办强特色专业,创新培养模式,建强师资队伍,聚合培训资源,实行"产教融合、训育结合、覆盖广泛、层次多样、类型丰富"的多渠道涉农人才培养方式,培育与地方经济产业发展相适应的高素质乡村振兴带头人队伍,把县职教中心办成集学历教育、技能培训、技术推广、扶贫开发、劳动力转移培训、社会生活教育于一体的开放性平台,真正实现在产业链上培养人,在生产实践中培养人,为中西部地区、民族地区、贫困地区涉农职教高效促进就业创业、服务乡村振兴做出理论和实践双重贡献,在"三农"一线打造乡村振兴人才培养优质学校。

(二)工作目标

总体目标是,在 5 年内实施"500+5000+50000"的乡村振兴人才培育"555"工程。

一是与国家"百万高素质农民学历提升行动计划"保持整体同步,在 5 年内,集中力量培育 5000 名具备市场开拓意识、能推动农业农村发展、领办特色产业、带领农民增收致富的高素质农民带头人队伍,使全县村均致富带头人达到 50 人以上,形成一支留得住、用得上、干得好、带得动的"永久牌"五峰乡村振兴带头人队伍。

二是以带头人培育为基础,紧盯一线产业技术需求,进一步丰富和充实中短期理论培训、现场入户培训、专业合作社技术跟踪培训、线上线下结合培训、致富带头人传帮带等形式,按 1 带 10 的比例,有针对性地培育具有专项产业技能、能主动积极从事特色产业发展、具备自我增收致富能力的高素质农民 50000 人以上,确保每户至少有 1 名致富明白人。

三是加大中职特色专业建设,扎实推进本区域(宜昌市)内中高职"3+2"贯通培养,大幅度提升本地人才留县工作率,确保 5 年内为县域主导产业定向培育 500 名以上具有高学历、年轻化的高素质专业技术人才。主要培训对象为县域内农民,重点是村两委班子成员、新型农业经营主体、乡村社会服务组织带头人、农业技术人员、乡村致富带头人、退役军人、返乡民工等。

(三) 工作内容

一是科学制定乡村振兴人才培养方案。全面落实立德树人根本任务,培养具有高度社会责任感、良好职业道德、较高科学文化素养和自我发展能力,掌握现代农业生产、经营、管理、服务等先进知识、先进技术,能从事专业化、标准化、规模化农业生产经营管理,爱农村、懂技术、善经营的高素质农民。因村因镇制宜、因材施教,传播中华优秀传统文化,传承五峰土家文化,开展耕读教育,突出乡土教材编制,实施"热爱家乡、立足当地、带头致富"情怀教育。依据五峰乡村振兴实际需求确定课程设置、学时分配和教育教学、技能培训、教学评价、成效考核方式,确保乡村振兴人才培养在规划、实施、效果评价等方面有可靠保障。

二是精选和开发乡村振兴培训课程资源。以茶叶生产、加工、销售为主体,以茶旅融合发展为深化,以中药材、中蜂、五倍子、林业花卉苗木为配套,以干鲜果、特色养殖为补充,以新型现代农业、现代服务业为拓展,精选培训课程资源,搜集整理和编制特色培训教材,确保课程资源丰富、知识先进实用、编写体例易教易学,适合农民学习、实践和推广,实施全产业链精准培养。遵循农民特点和成人教育规律,采取"农学结合、工学交替、送学上门、技术服务、线上线下教学相结合"等人才培养模式,农闲季节以中短期专业理论教学为主,农忙季节以生产实践教学为主,按季节循环组织教学,使教学环节与农业生产环节紧密结合。

三是丰富"三农"一线人才培养途径。首先,抓好与乡村振兴产业对接的各类技术技能培训,让尽可能多的生产一线农民成为产业技术能人,这是农村职教服务乡村振兴最直接、最有效、最受欢迎的平台,也是组织和实施最便捷高效、学用转化最让农民接受、群众受益面最广的途径。其次,抓实中职学历教育特色专业建设。2020年7月,县人民政府向省教育厅上报了《关于支持五峰职业教育实施"茶旅产教融合"特色发展的请示》,工作思路是:建立起以"茶叶生产与加工、茶旅游、茶电商、茶文化"等专业为主、覆盖茶旅全产业链的特色专业群,使"茶教育与茶产业"深度融合,产教一体。以五峰为平台,发挥湖北涉茶学校协作优势,打造一支国家级中职茶教育教学师资团队,建设国家级"茶叶生产与加工"特色示范专业,建成全国茶叶高技能人才培养中心,为五峰学子定向深造、回乡创业、服务家乡奠定扎实的专业理论和实践知识基础。最后,推进全民终身学习和高素质农民专(本)科学历教育,利用国家开放大学(电大)和社区教育指导中心平台,吸引更多有条件、有需求、有潜力的中青年农民进入专(本)科学历教育行列。

四是构建校内校外实习实训基地体系。全面构建专业建设、技能培训实习实训基地体系。在学校内部,重中之重是建好茶旅产教融合实训基地。该基地规划总面积660万平方米(范围涵盖五峰职教簸箕山新校区和青岗岭茶叶公园共计10000余亩),总投资1亿元以上,分3期建设,目标是在"十四五"期末建成集"实践教学、实习实训、社会培训、真实生产、技能鉴定、社会服务和产教融合示范引领"于一体的茶叶职业教育高水平实训基地,推进"茶教育与茶产业、茶旅游、茶文化、茶艺术、茶科普、茶研究"融合创新发展,以茶教育为媒介,创新服务乡村振兴和小康五峰建设,为"十四五"湖北茶旅产业跨越发展培育大批爱茶懂茶、立足茶旅、敬业创业的专业技术技能人才。项目第一期建设13.5万平方米(200余亩),概算总投资3000万元,2021年完成主体工程并投入使用。在学校外部,充分依托各类农业龙头企业、农村专业合作社、电商产业园、五峰民族工业园区等产教平台,开展实践教学、技术展示和创业孵化,推进教育培训与生产实践紧密结合。

五是多渠道组建"双师型"师资队伍。通过以下3个途径组建一支"中职学历教育、技能培训、服务全民终身学习"的"双师型"教师队伍。第一,学校现有教师转型发展,通过培训推进中青年教师达到"既懂专业理论、又懂专业实践"的要求,学校新引进教师必须具有相应专业实践操作能力,到2023年,力争"双师型"比率达到60%以上。第二,拓宽加深与国内、省内相关大专院校、科研院所的培训合作,做到师资互用,资源共享;充分挖掘、打捆使用县内各领域专家及乡土人才队伍,多层次建立一支结构优化、数量充足、保障有力的兼职教师队伍。第三,充分开辟网络线上线下相结合的教学新途径,集中国内外优质教学资源,建立符合地方产业特色的教学资源库。

(四)工作进度

一是在新型职业农民培育方面。2018年5月,县委、县政府就进行了专题研究,下发了《关于整合新型职业农民培训资源有关工作的纪要》。近两年,五峰围绕脱贫攻坚和产业发展,全力构建"职教集中精力抓培训、部门集中精力抓发展"的高效培训格局,以县职教中心为平台,整合培训资源和资金,与高职院校合作落实师资队伍,强化培训组织保障措施,共培训各类技术技能人员3000余人次,不仅积累了培训经验,而且较好地促进了发展和就业,社会反响良好。县职教中心正在抓紧制定培训工作"十四五"规划,计划与华中农业大学、湖北中医药大学、武汉商学院、湖北三峡职业技术学院等联合,办大办强培训阵地,推进培训向武陵山周边区域覆盖,打造以茶叶、中蜂、中药材、五倍子为核心的区域培训中心,力争年培训总规模稳定达到3000人以上,其中达到乡村振兴高素质农民培育标准和要求的1000人以上。

二是在中职学历教育方面。2020年5月,县委、县政府制定出台了《加快推进现代职业教育发展的意见》(五政发〔2020〕5号),这也是国家《职教20条》出台后湖北省内第一个县级关于加快职教发展的文件。五峰县职教中心是一所典型的涉农职业中专学校，是实施县域学历教育、技能培训、技术推广、职业鉴定、成人教育、文化传承、科教科普、终身学习的开放性平台，以实施特色发展、中高职衔接发展为主，致力于培育热爱五峰、热爱茶旅、立志回乡就业创业的乡村振兴高素质技术技能人才。目前，学校立足当地，对接产业，提质培优，发展势头良好，与县域主导产业配套的专业建设已基本建立起来。

三是在社区教育、成人教育方面。2019年12月，由县教育局牵头，县民政局、科经局、人社局、文旅局等9部门联合下发了《关于推进社区教育发展的意见》（五教发〔2019〕19号），在县职教中心设立了社区教育指导中心，终身教育体系逐步得到完善。目前，全县8个乡镇社区教育学校全面挂牌，成人学历教育注册率在全省县市中领先，2020年11月，五峰县职教中心获评湖北省社区教育工作先进单位。

四是在学校内涵建设方面。紧扣国家《职业教育提质培优行动计划（2020—2023年）》，学校已申报承接提质培优项目23大项31小项，覆盖中职承接项目总量的90%以上。其中，高素质农民技能培训、特色专业建设、教师队伍建设、课程资源建设、实习实训体系建设为承接重点。未来3年的提质培优行动将推动五峰职教向高质量、高水平加快迈进。

五是在发展目标方面。县委、县政府提出了"强民族职教品牌、走茶旅特色道路"发展战略，将职业教育纳入全县经济社会发展大局统筹谋划部署。突出五峰土家茶乡"土凉茶"特色，坚持生态优先、绿色发展不动摇，推动茶旅生态文化旅游深度融合发展，极大拓展了茶旅职业教育和技能培训需求空间。站高谋划职教发展，推进职教类型教育落地落实，在生均公用经费、教师队伍、硬件设施、发展用地等方面予以了足额保障。发展目标是，建设职业教育强县，打造特色鲜明的省级、国家级高质量高水平农村中职学校，真正实现建设乡村振兴人才培养优质学校目标。

（五）保障措施

一是精心编制规划。加强产业调研，进一步优化和定位"十四五"县域乡村振兴产业结构；解放思想，立足县域主导产业，主动对接区域大产业宏观政策、技术、市场背景，围绕"三农""三生""五大振兴"主题，明确培养总任务、总目标。以乡村振兴规划及年度任务为依据，细化年度人才培养任务和措施，构建扎实有效、针对性强的乡村振兴人才支撑体系。

二是完善体制机制。与人社部门、职业资格鉴定机构、技能水平评价机构挂钩，加快构建学历证书、职业技能等级证书和技能培训证书相衔接的培育体系，积极开展"1+X"证书制度试点,建立能力素质导向的考核体系,形成吻合五峰实际的选才、育才、用才制度体系。建立特色鲜明的课程资源体系,用好社会开放资源,开办满足乡村振兴总要求的特色专业课程,培养一批数量充足、师德高尚、学识渊博、接地气的高水平教师队伍。进一步加大职业教育投入,以学校培训部为依托,突出建强技能培训平台,保障培训办学硬件需求。

三是加强组织领导。县人民政府成立乡村振兴人才培养领导小组,在县职教中心设立领导小组办公室,定期研究解决人才培养相关问题。小组领导由分管农业、教育县级领导担任,成员由相关职能部门负责人兼任。加大开放合作,拓宽培训资源,拓展培训覆盖面和区域带动力。加强新闻媒体宣传,让精品课程、培养过程、社会效果深入人心,吸纳社会各界参与。突出典型引导和榜样示范,提高群众参与面和积极性,全面营造浓厚的乡村振兴人才培养氛围。

第十四章　加强产业技能人才培养服务"一茶两中四园"战略

为全面落实人才强县战略,加快本土人才培养,全面提升劳动者就业创业能力,促进乡村振兴,根据国家、省、市、县有关文件精神,特制定本工作方案。

一、总体要求

（一）指导思想

以习近平新时代中国特色社会主义思想为指导,深入贯彻党的十九大和湖北省第十二次党代会精神,认真落实习近平总书记关于技能人才培养、职业教育工作的重要指示和对民族地区、革命老区、连片特困地区提出的系列重要指示要求,贯彻落实县委、县政府实施生态立县、旅游富县、工业强县、开放活县、人才兴县的"五县"战略,全面落实县委、县政府工作要求,以技能型社会建设为引领,以推动高质量发展为主题,以"一茶两中四园"(即做优做强茶产业、中药材产业、中蜂产业,打造精品果园、绿色菜园、特色花园、生态养殖园)特色产业培训为重点,以全面提高劳动者就业创业能力为目标,进一步健全完善终身职业技能培训制度,提升职业技能培训供给能力和质量,推动"一茶两中四园"产业技能人才队伍梯次发展,建设知识型、技能型、创新型劳动者大军,为全县高质量发展、智能化转型培养更多能工巧匠、乡村工匠和"一茶两中四园"专业人才。

（二）建设目标

到2025年,基本建成适合五峰县经济社会区域发展、"一茶两中四园"产业发展的高质量职业教育和终身职业技能培训体系,职业技能培训覆盖武陵山片区乃至国家、相关省市地区,产业融入度更深、培养模式更丰富、培养效果更突出,更加契合乡村振兴对技能人才的需求。

二、主要任务

（一）茶产业技能人才培养

以"茶叶生产与加工专业"为抓手,培养德智体美劳全面发展,思想政治坚定、德技并修,具备"五峰"情怀,适应国家乡村振兴战略、能服务区域经济发展和适应茶叶生产加工技术员、茶叶销售员、茶艺员等一线岗位需求,对接现代茶产业,具有一定国际化视野,具备现代茶叶生产加工、茶叶评审、茶叶销售、茶事服务等实际工作能力的高素质技术技能型人才。

（二）茶旅融合产业技能人才培养

以"康养休闲旅游服务""旅游管理"专业为抓手,促成五峰职业教育中心、五峰乡村耕读劳动教育大学堂与湖北三峡职业技术学院茶旅学院持续合作,引入最新设备、前沿技术、真实项目和行业人才,校企双方联合修订人才培养方案,共建乡村耕读教育国家基地、共建茶旅研学实践教育国家基地;联合开发行业课程和教材,联合实施教学和考核,联合开展实习实训,联合指导毕业设计,联合组织学科竞赛,推动学院职业教育人才培养模式改革向纵深发展;探索创新创业教育改革,培养学生创新精神、创业意识和创新创业能力,产出一批创业精英人才。政校行企共同打造湖北茶旅研学技术技能人才培养高地,助力五峰职业教育中心建成国家乡村振兴优质学校。

（三）茶康养产业技能人才培养

促成与湖北三峡职业技术学院康养与护理学院战略合作,延伸茶的康养功能,将茶与现代科技和康养需求结合,把发展绿色生态、健康养生的茶疗康养产品作为主攻方向,与行业管理部门、科研院所、龙头企业等共同研究,构建与五峰茶康养产业发展需要相吻合的先进的专业人才培养方案、教学计划和课程体系。

（四）中药材产业技能人才培养

加强与三峡大学的战略合作,办好武陵中药产业研究院。进行道地中药材良种产业化配套技术的培训与推广。集成五倍子、天麻、黄精、淫羊藿、白三七、木瓜、独活等道地优势品种良种繁育技术及标准化高效栽培技术,建立种苗繁育和高效栽培示范基地,通过制作良种产业化配套技术视频材料、实用技术手册、现场操作培训、会议培训等手段,推广良种繁育及高效栽培技术,促进五倍子、天麻、黄精、淫羊藿、白三七、木瓜、独活等道地优势品种良种产业化。

（五）精品果园、绿色菜园、特色花园、生态养殖园产业技能人才培养

1. 推动农村电商人才培训

帮助农民适应农产品营销新形势，启动新农商培训，培育电商人才，打造地域特色产品。拟采取线上线下融合方式，对接阿里巴巴、京东、五峰蓝等优质电商平台，开展电商村播培育及物流示范培训，重点支持"互联网＋"农产品出村进城工程示范创建，力争挖掘和培养3—5名优秀电商人才（主播）。结合实际开展农村电商培训，更新农民营销观念，促进产销衔接。

2. 轮训新型农业经营主体带头人

联合产业部门，重点面向家庭农场、农民合作社、种养大户、小微农企和农业社会化服务组织带头人广泛开展培训，力争五年轮训全覆盖。强化品牌创建、市场营销、融资担保等培训，提高新型经营主体生产经营水平和带动小农户发展能力。

3. 开展专业生产型、技能服务型人才培训

联合政府、行业、产业部门，分专业、分工种、分岗位开展技能培训或短训，积极开展专业技能鉴定，保证培训效果。

4. 开展农业经理人培训

按照《农业职业经理人培训规范》和《农业经理人国家职业技能标准》，严格遴选合作院校或培训机构，规范农业经理人培训及职业技能水平评价，合作送训获得农业经理人等级证书的学员比例不低于80％。

5. 开展农业产业领军人才调训

面向农业产业化重点龙头企业董事长（总经理）、合作社理事长，严格遴选合作院校或培训机构，选用核心课程，采取集中研讨、省内外游学、专业沙龙、企业诊断等方式，培养有现代企业管理理念、国际化视野的农业企业家。注重发现、培养有潜力的企业负责人、合作社理事长、新农村建设带头人，建立和完善五峰本土优秀农村实用人才储备库。

6. 开展职业女性农民培训

联合妇联系统，吸纳、发掘和培养一批优秀女性农民，重点培养农村电商人才、三产融合管理人才，为新农村建设贡献巾帼力量。

三、组织实施

（一）成立工作领导小组

由县委分管领导担任组长，县人力资源社会保障、教育、发改、财政、乡村振兴、农业农村、文旅等部门和单位参加，明确各职能部门工作职责，确保培训培养重点任务和措施落到实处。

（二）建立统筹培训机制

按照"政府统筹、市场导向、对接产业、部门协作、财政扶持、职教实施"的原则，实行"培训计划、培训时间、师资调配、质量标准、资金监管、效果考核、跟踪管理"七统一，将县内各项培训资源整合到县职业教育中心组织实施，全面建立起大培训的良性体制机制。

（三）落实培训任务和资金

县乡村振兴局、农业农村局、发改局、人社局、总工会等部门和单位要统筹培训资金，与县职业教育中心共同策划、组织、实施好具体培训工作，多渠道增加培训投入。县财政局按照县人民政府确定的年度培训任务，统筹做好各部门各类培训资金的调度和监管使用工作。

（四）建立培训师资保障

以职教中心现有"双师型"教师为基础，打捆全县各级各类专业技术人才，建立兼职教师专家库。对部分专业技术性强的培训项目，邀请国内高校专业教师来校授课，确保培训质量。

（五）抓好人才培养过程管理

1. 优化人才培养课程

优化课程设计，合理安排理论学习、现场观摩、生产实践等环节，结合农时开展分段教学，实现综合素养课、专业能力课、能力拓展课、思想政治、国家安全、农业通识、农业农村政策法规、文化素养，以及乡村治理、农业生产技术、农业经营管理、农产品营销、绿色发展等课程多维度覆盖。

2. 优化人才培养师资

建立科研院校专家教授、行业管理专家、企业家，以及"田秀才""土专家"等相互补充的专兼职师资队伍,完善理论教师、技术讲师、政策讲师、实践讲师、创业导师专家库,打造一支优秀农民培训师资队伍。

3. 大力推进线上线下融合人才培养

采取"短期集中培训＋长期创业辅导"相结合、"住校培训＋送训下乡＋送学上门"相结合的方式进行人才培养。其中,线上以班级为单位,落实教学辅导员,既要做到可考量、可评估、可追溯,也要及时帮助解决农民学习能力不足、自觉性不强、教与学反馈不及时等问题。

4. 强化教学管理

落实台账管理制度,培训负责人对培训班台账的真实性负责。落实在线评估制度,培训班开班时,实现培训班次和学员信息100%上网;培训班结业前,组织学员开展在线评价,学员参评率不低于85%。培训机构、师资、教材等信息及时上网,提高培训的规范性。落实培训效果考核制度,对学员课堂表现、学习任务完成、理论知识和实践技能掌握情况进行测评,合格者发放培训证书。

5. 加强跟踪服务

持续关注和跟踪服务参训农民,帮助农民畅通政策信息、金融信贷、项目资助、技术指导、法律援助等渠道。积极搭建交流平台,组织和推荐农民学员参加农村实用人才创新创业大赛、技术技能比赛等活动。

6. 丰富其他人才培养资源

充分利用上海、武汉和全国其他地区高等院校、科研院所人才培养资源,采取"走出去,请进来"等多种形式的教学方式,扩大高等院校、科研院所影响力,推动五峰走向武陵山片区,走向全国。对接武汉职业技术学院,开展"3＋2"中高职联合电商人才培养。对接武汉市第一商业学校,开展帮扶培训。对接浙江树人大学国际茶文化学院,开展"3＋2"中高职(茶旅)人才培养。

第十五章 湖北三峡职业技术学院主持建设"中华茶文化传承与创新"国家级专业教育资源库

新华网武汉1月16日电:湖北三峡职业技术学院茶旅学院和茶旅产业研究院16日在五峰土家族自治县挂牌,这是湖北省首个茶旅融合学院,五峰县副县长王进受聘院长(图15-1)。

图15-1 湖北三峡职业技术学院茶旅学院暨茶旅产业研究院挂牌仪式

五峰县被国际茶叶委员会授予"世界茶旅之乡"称号,是明清古茶道的起点,渔洋关镇被评为"世界茶旅古镇",也是"全国十大生态产茶县",是中国十大茶旅胜地之一(图15-2)。五峰茶叶生长环境得天独厚,四季云雾缭绕,降雨充沛。微风轻轻拂过,一抹抹茶香飘荡于山野之间,全县茶叶面积20万亩,茶产值占农产值比例20%以上。

五峰县县长邓红静介绍,与湖北三峡职业技术学院合作兴办茶旅学院和茶旅

图 15-2　五峰是中国十大茶旅胜地之一

产业研究院,是县委、县政府的重大决策。县里已经安排 9000 万元资金建设茶旅实训基地,将会对推动五峰茶旅产业发展起到重要作用。

湖北三峡职业技术学院校长邓曦东介绍,湖北三峡职业技术学院的茶艺与茶文化专业是全国职校中的特色专业,主持了"中华茶文化传承与创新"国家级专业教育资源库建设,学生技能竞赛获国家级一等奖 4 项、二等奖 3 项。学院毕业的茶专业学生不少是五峰茶产业领头人,如五峰千丈白毫茶业有限公司、五峰土家族自治县杨柳毛尖茶厂等负责人。

本书作者主持资源科特色课程"茶道茗理"

湖北三峡职业技术学院(简称三峡职院)坐落于三峡工程所在地,世界旅游名城——湖北省宜昌市中心城区,是湖北省示范性高职院校、国家级优质专科高等职业院校、全国高职教学资源 50 强学校、首批全国示范性职业教育集团培育单位。

三峡职院是湖北省较早开办茶文化类专业的学校之一,2003 年正式开办,2008 年获批湖北省教学改革试点专业;2012 年通过湖北省示范专业验收;2019 年立项建设"中华茶文化传承与创新"国家级专业教育资源库项目;2020 年通过省级高等职业教育特色专业验收。

三峡职院历经 20 载,培养了 600 多名茶艺与茶文化专业学生,已成为湖北省茶产业人才培养基地，很多学生都已成为行业翘楚。老师们在长期的教学实践中，深刻地体会到：从茶艺与茶文化各个元素入手，带领学生去品味生活，感悟人生，帮助学生树立正确的人生观、价值观，扣好人生的第一粒纽扣，是一个非常好的途径。

茶为国饮，千百年来，无论时代如何更迭，社会怎样变迁，它始终伴随并滋养着人们，在人们的生活中不可或缺。它雅俗共赏，可饮可食、可浓可淡，既可入药，保健身体，还能修心，引领精神。

为深入贯彻落实习近平总书记关于教育工作的重要论述和全国教育大会精神，把思想政治教育贯穿人才培养全过程，全面推进高校课程思政建设，发挥好每门课程的育人作用，提高高校人才培养质量，我们建设了"茶道茗理"这门以课程思政为特色的专题课程。

"茶道茗理"这门课程从溯茶缘、寻茶宗、知茶史、诵茶语等16个视角，通过20节微课讲述中华茶文化的博大精深，讲述新时代如何立德树人，培养社会主义事业合格的建设者和可靠的接班人。鼓励青年学子以茶为媒，兴茶报国，为祖国的强大，为实现中华民族伟大复兴贡献自己的一份力量。

一、溯茶源，坚定文化自信

大家可能会有一些疑问：世界上最早发现和制作茶的是哪个国家？中国茶艺和茶文化传播到了哪些国家？为什么日本茶道在世界上那么有名？下面就一一给大家解答。"茶者，南方之嘉木也。"茶，不仅是中国的"国饮"，也是世界三大无酒精饮料（茶叶、咖啡、可可）之首，广受世界人民的喜爱。

茶树起源于中国，中国是茶的故乡，理由如下：全世界有24属380种山茶科作物，其中16属260多种分布在我国南部地区。早在1200多年前，我国西南部山区就有野生茶树的记载，而且茶树类型丰富多样。茶树最早的植物学名就是瑞典植物学家林奈以"中国茶树"定义的。茶叶生化成分特征也证实茶起源于中国西南部。中国是世界上利用茶最早、茶文化最为丰富的国家，很多书籍都把茶的发现时间定为公元前2737—公元前2697年，其历史可追溯到三皇五帝时期。东汉华佗在《食经》中说"苦茶久食，益意思"，记录了茶的医学价值。

源于中国的茶从公元5世纪开始，通过陆上和海上丝绸之路、茶马古道、万里茶道传向世界160多个国家和地区，惠泽全球30多亿人，历经1000多年的传播，中国茶从独有、独享，成为世界共享的饮品。茶穿越历史，跨越国界，深受世界各国人民喜爱，这不仅是因为茶天然自成，绿色保健，还因其承载的"茶利礼仁""和而不同""道法自然"的东方智慧和文明受到普遍认同，并影响世界。

不管是茶树的种植方法还是饮茶方式,都直接或间接来源于中国,世界各国茶的语音也是由中国南北方言演变而成。茶文化的外传,最重要的是饮茶习俗的外传,由于自然条件的局限,有许多国家不适合种植和生产茶叶,但是只要茶叶传入这些国家,并且养成长期饮茶习惯,就会产生茶文化。先是茶叶产品和饮茶方式的外传,然后才有茶树种植和加工方法的外传,同时还有关于茶的著作的外传。茶叶传入朝鲜半岛,在公元4世纪末5世纪初,当佛教由中国传入高丽国时,茶叶便随之传入,但到了公元9世纪以后,饮茶之风才逐渐流行起来。茶叶传入日本,也是在公元8世纪左右的唐朝时期,茶业西传欧洲始于公元16世纪,葡萄牙人从澳门将茶叶带回本国,而后茶叶逐渐在欧洲流行。茶叶北传俄国是在公元17世纪初,茶叶南传印度和斯里兰卡也是在公元17世纪以后,茶叶传入非洲时间最晚,开始于19世纪晚期,当地是在20世纪50年代以后才规模化地种植茶树和加工茶叶,其中大多数是得到中国政府的帮助和指导才得以顺利发展。

在中国茶及茶文化向世界各地辐射传播的过程中,很多国家都成为饮茶大国,茶文化也有了不同发展,形成了日本茶道、朝韩茶礼、英国下午茶等多种茶文化形式。其中,一衣带水的邻国日本受益最大,并且在发展过程中进行精练、深化形成了具有鲜明特色的日本茶道,使之成为日本传统文化的代表,成为向世界展示日本美学、礼法、建筑、烹饪等文化的重要载体。唐朝,大批日本遣唐使来华,到中国各佛教圣地修行求学。当时的中国各佛教寺院,已形成"禅茶一味"的一套"茶礼"规范,这些遣唐使归国时,不仅学习了佛教经典,也将中国的茶籽、茶的种植知识、煮茶技艺带到了日本,使茶文化在日本发扬光大,形成了具有日本民族特色的艺术形式,并赋予新的精神内涵。日本荣西禅师曾两次到中国留学,回国后写下《吃茶养生记》一书,这是日本最古老的一部茶的专著,他对茶的倡导,促进了当时日本茶业的发展,荣西被誉为日本的"茶祖"。

日本茶道是在"日常茶饭事"的基础上发展起来的,它将日常生活行为与宗教、哲学、伦理和美学熔为一炉,成为一门综合性的文化艺术活动。它不仅仅是物质享受,而且通过茶会、学习茶礼,陶冶性情,培养人的审美观和道德观念。在世界上产生了较大影响。

茶文化在朝鲜半岛也得到了广泛传播和交流。在南北朝和隋唐时期,百济、新罗与中国的往来频繁,经济和文化的交流关系也较密切。特别是新罗在唐朝有通史往来120次以上,是与唐通使往来较多的邻国,新罗人在唐朝主要学习佛典、佛法,研究唐朝的典章,在学习佛法的时候,将茶文化带到了新罗。

在西方国家中,受中国茶影响最大、最深远的无疑是英国。17世纪中叶,葡萄牙的凯瑟琳公主嫁给了英国国王查尔斯二世,在凯瑟琳公主的嫁妆中,有一箱她非常喜欢的中国茶叶,因为凯瑟琳视茶为健美饮料,嗜茶、崇茶,所以被人们称为

"饮茶皇后"。在凯瑟琳公主的倡导与推动下,饮茶之风开始在英国王室中流传开来,继而扩展到王公贵族世家,茶饮逐渐取代了酒精饮料。到了18世纪,饮茶已经普及到英国民间。茶风的兴盛推动着英国饮茶文化的日渐成熟,到了维多利亚女王时代,英国下午茶文化诞生于世并迅速得到传播。英国民众酷爱饮茶,人均年消费茶叶量已超过了2000克,在英国人心中,"世上没有什么难题是一杯热腾腾的茶所不能解决的",由此可见,茶对英国人的影响是多么深刻。现在,英国下午茶作为英国人典雅生活的象征享誉天下。

当代社会,中国茶代表了健康,中国茶代表了中国文化,中国茶代表了追求世界大同的一种和平精神。在国际交往的舞台上,茶是和平的使者、礼仪的象征、文明的化身,是沟通世界、构建和谐社会的极具亲和力的媒介。从某种意义上说,茶已经从单一的饮品升华成一种影响西方社会的东方文化,一种中华文明的输出载体。

2016年9月,G20峰会期间,在杭州西湖国宾馆,国家主席习近平与时任美国总统奥巴马品茗论天下;2017年9月,厦门"金砖"国家会议,国家主席习近平以茶礼赠参会嘉宾;2018年2月,国家主席习近平在北京钓鱼台国宾馆款待时任英国首相特蕾莎·梅,以中国茶礼酬对英国下午茶;2018年4月,国家主席习近平与印度总理莫迪在武汉东湖宾馆品茗,纵论博大精深的东方文化;2020年5月21日,国家主席习近平向"国际茶日"系列活动致信表示热烈祝贺。国家领导人都不遗余力地推介中国茶文化,并为之感到自豪,作为当代大学生,理当齐心协力向世界弘扬和推广中国茶文化、茶礼仪,彰显中华民族礼仪之邦的文明风范。

中国名优茶形成的地缘茶产品是中国茶叶最大的优势所在。而非地缘茶叶,如立顿红茶,是通过工业化理念加工成的便捷、时尚的茶饮品,难以与中国茶叶所蕴含的自然、历史、文化等方面的精神价值相提并论。因此,我们更有理由坚定文化自信,相信以中国茶文化为代表的中国优秀文化在未来世界历史发展进程中一定会闪现更加耀眼的光芒。

二、寻茶宗,促进两岸统一

在我国台湾,素有"北文山,南冻顶"的美誉。南投县鹿谷乡的高山上,生长着一片茶树,叫冻顶乌龙茶。因茶区山高路陡,又常下雨,茶农上山采茶十分危险,需要绷紧脚尖,将脚尖"冻"起来以免滑下山,所以将这山称为"冻顶",于是也就有了冻顶乌龙茶的美名。冻顶乌龙茶产量有限,尤为珍贵,且品质极佳,风味独特,被誉为"茶中圣品"。

鹿谷乡的冻顶乌龙茶还与福建的武夷山有一段历史渊源。1855年(清咸丰五年),鹿谷乡人林凤池赴福建应试,高中举人,还乡时,自武夷山带回36株青心乌龙茶苗,其中12株由林三显种在麒麟潭边的冻顶山上,这是鹿谷乡冻顶乌龙茶的由来。也就是说,鹿谷乡冻顶乌龙茶的种源源于福建。

正如俗语说的,"一杯清茶,两岸情缘",一湾浅浅的海峡永远不可能隔断两岸人民的精神血脉。秉承同宗同脉的茶文化历史,在当代最先做出成绩的就是台湾的茶艺界人士。"茶艺"一词就是台湾同胞首先使用的。

早在1977年,由著名民俗学家娄子匡教授为首的一批爱茶人,倡议弘扬茶文化,推广品饮茗茶的民俗,在讨论用什么名称来概括这重新兴起的茶事活动时,有人主张用"茶道"这个词,但有人认为"茶道"虽然起源于中国,但已被日本专用于前,继续使用恐怕会引起误会,以为是把日本的茶道搬到台湾来。经过大家讨论,最后确定使用"茶艺"这个词。这里的茶艺与茶道有明显的区别,它是专指泡茶的技艺和品茶的艺术。茶道是茶艺实践过程中所追求和体现的道德理想。茶艺是茶道的载体,是茶事活动中物质和精神的中介,只有通过茶艺活动,没有生命的茶叶才能与茶道联系起来,升华为充满诗情画意和富有哲理色彩的审美意境。所以,茶艺具有独立的存在价值。应该说,"茶艺"一词的产生和付诸实践并获得成功,是台湾茶文化界对中国茶文化事业的一个重要贡献。1978年,台湾分别成立了"台北市茶艺协会"和"高雄市茶艺协会"。又在1982年成立了"中华茶艺协会",由台湾著名茶叶专家吴振铎先生担任理事长。而大陆也在20世纪90年代相继成立了"中国国际茶文化研究会""中华茶人联谊会""中国茶叶流通协会"等相关组织,都将茶艺列为其经常开展的活动。

在茶艺实践中,海峡两岸的茶艺专家们也积极地进行探索,取得了可喜的成绩。如20世纪七八十年代,台湾茶艺界人士就将流行于闽、粤、港、台地区的民间品饮乌龙茶的潮汕工夫茶艺加以整理、改良成"台式工夫茶",有的还添加了闻香杯、公道杯等茶具,将闻香单独作为一道程序,后来还在大陆地区流行。

对中国茶文化的继承和发扬在台湾地区一直得以保持,台湾有的地方现在还保留"相亲、定亲茶"和"新娘茶"习俗。因此,海峡两岸的茶文化爱好者应该以共同喜爱的中华茶文化为媒介,搭建一座和平之桥,不断促进两岸的文化交流和认同,为台湾早日回到祖国怀抱贡献一份力量。

三、续茶缘,复兴万里茶道

1891年4月20日,俄国皇储尼古拉专程访问汉口,当时湖广总督张之洞在汉阳晴川阁款待尼古拉,双方商谈的重点就是以汉口为起点的中俄茶叶贸易。随后4月21日,尼古拉出席俄商汉口新泰砖茶厂成立25周年庆典,他在致辞中说:

"'万里茶道'是伟大的俄中茶叶之路,在汉口的俄国茶商是伟大的商人,汉口是伟大的东方茶港。"这个致辞也确立了汉口在俄国人心目中的地位。"万里茶道"是中国、蒙古、俄国之间以茶叶为大宗商品的长距离贸易线路,是继丝绸之路衰落之后在欧亚大陆兴起的又一条重要的国际商道。

湖北是产茶大省,汉口又是中俄"万里茶道"的重要节点城市。在新时代"丝绸之路经济带"和"21世纪海上丝绸之路"建设实践中,大力弘扬与传播中华茶文化,推动"万里茶道"的复兴与繁荣,将成为推动中国茶叶经济发展与世界文化交流的重要力量。

基于此,湖北牵头"万里茶道"申遗工作,保护与修复茶文化遗产。自2014年3月"万里茶道"申遗工作正式启动以来,湖北省尤其是武汉市一直担当着发起者与推动者的重要角色,签署《武汉共识》;2015年主办八省一市"万里茶道文化遗产保护工作推进会",正式明确湖北省为"万里茶道"申遗牵头省份,武汉市为牵头城市;2017年7月中国非物质文化遗产保护协会和中华文化促进会、湖北省非遗保护中心、三峡大学、宜昌鑫鼎集团一道,联合举办了"万里茶道·长盛川青砖茶制作技艺保护传承学术研讨会",就茶道上的非遗——长盛川青砖茶制作技艺的保护传承展开了深入研讨;2018年3月,接待国家文物局申遗评估组实地考察;2018年11月,举行中蒙俄三国"万里茶道"申遗工作协调会。

湖北一些茶产区与相关市县也大力推进茶道申遗工作。咸宁市在国家文物局、湖北省文物局指导下,组织编制了《赤壁市羊楼洞万里茶道申遗保护规划》,启动中国青砖茶博物馆建设,对羊楼洞56栋古民居进行修缮保护;引进卓尔集团投资28亿元开发建设世界茶业第一古镇——羊楼洞。2018年5月,宜都市召开以"线路与文化"为主题的第三届宜红古茶道学术研讨会,80多位国内专家学者经过深入交流探讨,肯定了宜都"古道枢纽"的重要地位,并为后期保护利用提供建议。五峰境内古茶道的总里程超过300公里,2009年被国家文物局遴选为"第三次全国文物普查重要新发现",2010年被评为"宜昌市文物普查十大新发现之首",亦被认定为"湖北省第三次全国文物普查十大重要发现"之一。五峰精制茶厂保存完好,当人们站在这些静默的机器旁边,依稀能够想见当年机器轰鸣、灯火辉煌的繁忙景象。

2019年3月,国家文物局发函,正式同意将"万里茶道"列入《中国世界文化遗产预备名单》。

湖北是茶祖神农氏、茶圣陆羽的故乡,是团饼茶的发源地,也是茶文化起源地之一,又是茶叶出口贸易重镇,禅茶、道茶、土家民俗茶等茶文化并存,茶文化形态多样,无论在茶叶经济史还是茶文化发展史上,都拥有不可取代的重要地位。贸易若繁盛,文化需先行。目前,湖北在以历史文化底蕴为茶叶品牌赋能、增加地缘茶知名度与美誉度等方面远远落后于浙江、福建、云南、湖南等地,造成湖北茶质优却价次的局面。

我们相信,随着"万里茶道"申遗成功,湖北茶一定能够重拾昔日荣光,为新时代的"一带一路"的繁盛贡献一份力量。

四、知茶史,厚植爱国情怀

今天我们共同来探究中国茶的兴衰与国家兴衰的密切关系。17—19世纪,茶与中国、美国、英国、印度四个大国的命运有着千丝万缕的联系。与茶有关的中英鸦片战争、第一次英国侵藏战争、美国独立战争,改变了世界历史,也影响了世界经济格局塑造。茶文化是茶叶在被人类食用过程中产生的一种文化现象和社会现象。历经千年发展,茶对人们的生活、经济、文化等多个方面产生了相当深刻的影响。

茶起源于中国,"茶道大行"从唐代开始。中华茶文化在唐代得到了空前的发展,唐代被称为茶叶的黄金时代。陆羽著《茶经》是唐代茶文化成熟的标志。《茶经》是中国古代较为完备的一部茶书,对茶的历史、产地、功效、栽培、采制、煎煮、饮用都进行了阐述和系统全面的总结,探讨了饮茶艺术,把儒、道、佛三教融入饮茶,首创中国茶道精神。饮茶之风的兴盛,导致茶叶消费量增长,促进了茶业经济的发展。唐代茶税成为国家财政收入的主要来源之一。

从元、明到清初,中国国力强盛,茶叶事业进一步繁荣,"丝绸之路""万里茶道"几度辉煌。茶叶还是国家对外贸易的大宗商品,在国民经济中占有相当重要的地位。在清代的对外贸易活动中,茶叶是抵御外国商品倾销、保持贸易顺差的有力武器。据统计,清乾隆二十九年(公元1764年)欧洲各国向清朝输入了总价值约为191万两白银的商品,而清政府则向外输出了价值约为364万两白银的商品,超过进口商品173万两,这些出口商品主要就是茶叶、丝绸和瓷器。这样的贸易顺差一直保持到鸦片战争之前,一定程度上抵消了欧美各国向清朝倾销商品和鸦片所带来的负担。尤其是在19世纪前期,茶叶占到中国出口商品总量的70%以上,仅广州口岸每年就向英国输入茶叶35万担,价值9445万银元,有效避免了清朝的白银外流。

茶叶、丝绸和瓷器等带来的巨额贸易顺差,诱发英国发动鸦片战争以撬开中国国门,曾经的"以茶富国"到后面的"以茶制夷",再到茶树种子与茶叶种植加工艺术的被盗,清政府已无力为继。此后,中国茶的命运开始与清朝国运一起下行。在工业化进程中,英国、日本、印度等国茶业兴起,中国的茶叶却因生产方式落后、标准缺失、质量难控,被边缘化,只能以廉价原料的身份出口国外。茶叶第一大国在全球产业链中丧失了话语权。

民国时期,中国茶业陷入全面危机,生产萧条,市场萎缩,外销锐减。虽然到20世纪20年代后期中国茶业曾有短期的复苏,但是日本侵华战争和继之而来的国内战争,使茶业经济走向崩溃。到了1949年,全国茶园面积仅有15万公顷左右,年产茶仅4万吨,年出口茶叶只有2.2万吨。

中华人民共和国成立后,党和政府高度重视茶叶生产,茶产业得到迅速恢复和发展,特别是在改革开放以后,我国的茶产业持续快速发展。茶园面积从1950年的21万公顷增加到2020年的317万公顷,茶叶产量从1950年的7万吨增加到2020年的297万吨,茶叶出口量也从1950年的2.6万吨增加到2020年的34.88万吨。目前,我国茶园面积和产量均占世界第一位,茶叶出口占世界第二位。随着茶文化的再次兴盛,我国茶产业、茶经济也得到飞跃式发展。

我国已经建立起比较完整的茶业科研和教育体系,国内有10多所高校设有茶学专业,形成了比较完整的高等茶学教育和人才培养体系。茶学学术团体和茶叶行业协会的工作充满活力,每年有上百种茶学专著问世,出版各层次的茶学专业期刊数十种,推动了茶科学和茶文化知识的推广与普及。

国家强大,茶业便兴盛;国家贫弱,茶业就衰败。这不是巧合,其背后有深刻的经济社会发展规律在起作用。这给了我们一个崭新的视角,今天中国茶业发展的各项指标又走到了世界前列。

五、诵茶语,提升人文素养

今天来探讨品读有关茶的文学作品对感悟人生哲理、提升精神境界的作用。在中国茶文化的发展中,反映茶叶种植栽培、制造加工、购销贸易、冲泡品饮等各项茶事活动的多种文学艺术形式相继出现,包括诗词、曲赋、楹联、散文、小说、音乐、舞蹈、戏曲、影视、绘画、书法、篆刻等。从内容上,大致可分为方法技能文化、艺术审美文化、精神哲理三大层面。

茶中体现的人生哲理是进入思想层面的茶文化,它是形而下的器与技向形而上的一种超越,是以茶修养心性所到达的一种精神境界,也是在闲静中由茶而感悟到的哲理。具体表现在:第一,茶技与茶艺的超越。采、造、制、泡、饮、存,无一不精。第二,追寻生命至境。韦应物:"洁性不可污,为饮涤尘烦。此物信灵味,本自出山原。"陆游:"平生万事付天公,白首山林不厌穷。一枕鸟声残梦里,半窗花影独吟中。柴荆日晚犹深闭,烟火年来只仅通。水品茶经常在手,前身疑是竟陵翁。"第三,感悟人生哲理。皎然:"三饮便得道,何须苦心破烦恼","此物清高世莫知,世人饮酒多自欺。"卢仝:"一碗喉吻润,两碗破孤闷,三碗搜枯肠,唯有文字五千卷。四碗发轻汗,平生不平事,尽向毛孔散。五碗肌骨清,六碗通仙灵。七碗吃不得也,唯觉两腋习习清风生。蓬莱山,在何处?玉川子,乘此清风欲归去。"儒家喝茶喝的是积极入世的精神,佛家喝茶喝的是"禅"。

在数量众多的文学作品中,有很大一部分是在关注茶人的心灵,因为茶可以提升人们的精神境界,达到"淡泊宁静"和"天地人和"。

"淡泊宁静",指的是人这一主体的人生态度。淡泊名利,不追名逐利,不贪财好色,不谋权逐位,不尔虞我诈。品茶除了健康、生理的养生需求外,追求的是一种境界:淡泊以明志,宁静以致远。古代茶圣陆羽和现代茶圣吴觉农,一生追求的就是这种雅洁崇高的精神境界。唐代诗僧皎然所说的"一饮涤昏寐""再饮清我神""三饮便得道",追求的也是这种境界。淡泊宁静的茶境启迪哲人诗性的智慧,以平静冲和的心志去认识自己,认识社会,认识自然。茶可清心。心灵的尘垢靠它洗涤,伤痕赖它抚平,妄念赖它矫正。这种境界很平常、很美、很高尚。在茶文化界,曾提倡"茶人精神"。它以茶树喻人,提倡茶人应有的道德情操、精神面貌。茶树不论生长环境如何,从不计较土质厚薄,也不怕酷暑严寒,坚持扎根大地,吸纳日月光华,四季常青,绿化大地,净化空气。春回大地时,它尽情抽发新芽,任人采用,采了又发,常采不败,直到生命尽头。茶给世界带来清新,给人类带来健康。领悟了茶道的人,即具有这种淡泊宁静、默默无私奉献的茶树精神。

"天地人和",指人与外部世界的和谐关系。人的自私、贪婪、浪费、挥霍、奢侈、不加节制的生活需求,贫富不均造成的社会矛盾与巨大反差等,都在毁灭性地破坏人类生存的物质基础,同时,也导致了人类社会几千年的发展过程中充满动荡和不安。品茶饮茶有助健康,虽不能救世,但对领悟茶道中的真理,却大有启迪。如果人们都能应用从茶中悟出的真理和智慧来处理人与人之间、国家与国家之间的关系,这个世界就一定会越来越美好!

茶是中华茶文化的承载体,思想的传媒。它的终极追求,是"道"的追求、哲学的追求,表现在茶文化上就是"茶道"。"茶以载道",中国茶人通过一片小小的叶子,一盏芳香的茶水,以小见大,由远及近,由始而终,探寻人生的价值和意义,寻求在哲学上的终结。茶道,是中国茶文化的哲学表达。茶道,起源于中国,辐射到日本、韩国乃至全世界。

中国茶人对茶道的探求,历来是和社会的变迁、时代的发展相关联的。他们在品尝茶的苦味的同时,也在品尝时代转折的苦难和历史沉浮的坎坷,这些茶道感悟,反映他们是如何认识自己,如何理解人与社会、人与自然的关系,从而总结出若干有关人类自身发展的根本问题。通过对茶这一绿色饮料、健康饮料、和平饮料、世纪饮料、智慧饮料的品饮,通过茶道的阐发,清醒的人们或许多少会直接或间接地体察人类社会和宇宙的深层次问题,从中得到有益的启示。

从晋朝茶艺审美第一人杜育,最早记载饮茶习俗的左思,崇尚廉俭的恒温,提倡茶为祭品的齐武帝,发展到唐代出现世界第一本茶学专著《茶经》,陆羽、白居易、皎然、韦应物、温庭筠、皮日休、陆龟蒙等唐代茶人开始具备"精行俭德"的理性自觉,推崇"茶可行道",开始了茶文化的精神引领,最终有了唐朝"茶道大行"的盛况。到禅学、理学、茶文化发达的宋代,从皇帝到文人,茶道与茶人的生命情感发生了更为深刻的交融。

对于茶道的精神核心,借鉴日本茶道"和、敬、清、寂"四规和韩国茶礼"和、敬、俭、真"四礼,当代茶人庄晚芳先生提出"廉、美、和、敬"四德,台湾地区茶学家吴振铎则提出"清、敬、怡、真"四义。这些对茶道茗理的概括或归纳,都是茶家以自身的感悟赋予茶的精神品德,从多方面体现了茶的精神价值和功能。

习近平总书记说:"文化自信是一个国家、一个民族发展中最基本、最深沉、最持久的力量。向上向善的文化是一个国家、一个民族休戚与共、血脉相连的重要纽带。"当今已经进入一个文化自觉的时期。按费孝通先生解释,文化自觉是指生活在一定文化中的人对其文化有"自知之明",即明白我们的文化是哪里来的,怎样形成的,它的实质是什么,它将把人带到哪里去。自唐代皎然"欲知茶道全尔真,唯有丹丘得如此"首次提出了"茶道"这个概念,历代中国人在饮茶中不断汲取精神营养,获得"道"的体验。我们现在仍然能够通过前人留存下来的历代茶书、咏茶诗词、笔记小品、绘画书法、茶具茶器等多种形式和途径来了解丰富多彩的中国文化,因此领悟"和为贵,清为德"的茶道精髓,怡养闲适诗意的心性,传承优秀的民族文化,是当代青年义不容辞的职责。

六、建茶园,坚信两山理论

一山千行绿,阡陌茶飘香。一垄垄茶树郁郁葱葱,舒缓地在山间展开。近年来在很多茶园茶树的中间都开始套种大豆,而且并不等大豆成熟就将它翻入地下,这是怎么回事呢?原来,这是生态茶园的一个绝招:一是大豆可以产生根瘤菌,具有固氮作用,增加土壤肥力,茶园里套种大豆可少下或不下氮肥;二是金龟子、蚜虫等更喜欢大豆叶子,从而减少茶树虫害;三是套种大豆能增加茶叶产量。

新冠肺炎疫情全球性大流行使得人们的健康意识明显增强,人民对美好生活需要日益增长,消费者对品质消费、绿色消费的需求显著提升。

"茶性不可污""此物信灵味",茶,人在草木间,寓意着人与茶、自然的亲密接触。茶,生来就具备高雅、清洁、健康的天然属性。品质、多元、健康茶品始于茶园,高效生态茶品基础也在于茶园。市场需要好品质,企业需要好效益,好品质、好效益首先是种出来的。好茶园的基础在于生态优先、绿色发展,用生态之美引领发展之美。生态茶园,周边有林,园中有树,坎间有草,路边有花,涧中有水、时生云雾,衍生出生物的多样性、生态的和谐度。它吐故纳新,净化空气;固土纳水,涵养土地;四季常青,赏心悦目。它是红脉绿韵的风景线,是旅游休闲的好去处,是返璞归真、回归自然、消解乡愁、健康养生的绝妙地。它是生态的结晶、自然的内涵,也是美化大地的使者,更是环境美好的象征,体现"天人合一、和而不同"的自然观,涵育天地人伦理的生态文化。建设生态茶园,优质的茶种、茶苗是产品的芯片,精心选择优质良种、科学布局茶园品种结构尤为必要;选择地形地貌,充足基肥,改良土壤,测土配方,培育有机生态土壤的过程十分讲究;良好的基础设施配套非常重要,做到旱涝有保障、冷热可调控、机器能换人,节本又高效;综合防控优先,科学管理有序。努力提高茶园的亩产和品质,才能有效提升茶品品质,增加茶业效益,切实改变当前一些地方广种薄收、粗放经营的局面。

国家大力推广绿色高质高效创建、病虫害绿色防控示范区建设、有机肥替代化肥试点及茶园"双减"等项目,研发集成和示范推广了一批化肥农药减施增效技术模式和先进技术,全国茶园病虫害绿色防控技术覆盖率达56.6%,为所有作物中最高;有机肥替代化肥示范县达63个,带动减少化肥使用量;所有病虫防控,都采取挂黄板、诱虫灯等物理方法,不用化学农药,提升了绿色生产水平。福建、浙江、广东等产茶主省大力发展生态茶园,福建省发布实施《生态茶园建设与管理技术规范》《茶庄园建设指南》等生态茶园标准。

在茶叶生产量方面,我国一直居世界首位,但是茶叶出口量却一直排在斯里兰卡之后,靠后的主要原因就是我国茶叶中的农药残留超标。我国的茶叶质量标准远远低于一些发达国家,2000—2018年,我国出口茶平均价格比印度低四成,比斯里兰卡低六成,每公斤(1公斤=1千克)1.9美元,折合人民币还不到14元,2020年出口茶叶单价也才只有每公斤40元。

随着社会的发展和人民生活水平、生活质量的不断提高,消费者对茶叶消费产品的需求日渐向营养、有机、环保方向发展,对有机茶产品的需求越来越大,同时对产品质量的认识也越来越清晰。各地纷纷重视生态环保茶园的建设,在习近平总书记提出"绿水青山就是金山银山"的浙江安吉,坚持茶园建设以国家级标准化示范园区建设为核心,构建了从茶园到茶杯的全程质量追溯体系,强化对茶园各类投入品的源头管理,真正把茶山变成了"金山""银山"。

七、敬茶农,激发三农情怀

明代高启《采茶词》:"雷过溪山碧云暖,幽丛半吐枪旗短。银钗女儿相应歌,筐中摘得谁最多? 归来清香犹在手,高品先将呈太守。竹炉新焙未得尝,笼盛贩与湖南商。山家不解种禾黍,衣食年年在春雨。"从古到今,有这么一群人,用心经营着一片茶园,用他们的双手采摘茶、制成茶叶,每一杯清香芬芳、甘醇可口的茶都离不开他们的辛勤劳作。他们就是一杯好茶背后的那个人——茶农。

春节过后,大地萌动,江南地区万里碧绿,千里飘香,一派生机勃勃的景象,也正是茶农采茶、收茶、制茶的春茶季了!春茶又有"明前茶""雨前茶""谷雨茶"之别。"明前茶,贵如金。""明前茶"是清明节前采制的茶叶,芽叶细嫩饱满,白毫尽显,滋味醇和、鲜爽度高,由于芽叶细嫩,香气物质和滋味物质含量丰富,因此品质非常好,被认为是茶叶中的上品。"雨前茶"则是清明之后,谷雨之前采的嫩芽,也叫"清明茶"。谷雨后立夏前采摘的茶叶叫"谷雨茶"。

为了赶时间、抢时令,以茶作为一年重要经济来源的茶区农民,在这20多天时间里,常常是通宵达旦、夜以继日地辛勤工作。

"早日择是宝,晚日择是草。"清明前的茶叶,是新年茶树的第一波嫩芽,上市越早价格越高,几乎是一天一价,今天茶树长出的嫩叶,不及时开采,不到两天就会变成不值钱的树叶子,俗称"跑了"。所以,茶农每天清早就会起身去采茶,顶着艳阳采到下午,回家就要立即炒制,经过杀青、甩条、复炕等一系列程序,才能将茶叶炒好。炒好的茶叶就要尽快销售出去,因为越早越贵!因此,这个时节晚上到茶区集市,可以看到一个奇特的景象:这里深夜一改往日的寂静漆黑,通街灯火通明、人声鼎沸,热闹如白昼逢集,整条街都是卖茶买茶的人流。集市开在晚上,原因就在于茶农通宵达旦地劳作,白天采茶、炒茶,制好的茶又必须尽快出手,只有晚上才能上街卖茶,不耽误第二天的采茶工作。

这些上街贩卖的,基本都是自己负责采摘、制作和销售的茶农,自己采摘,节省了人工成本,才能赚一点辛苦钱。而在茶叶主产区,每家茶农有大片茶园,都必须雇佣采茶工才能确保一年的茶叶收成。

如今,人工费飙升,"采茶工"也成为紧俏的职业,每到春茶季节,为缓解采摘压力,茶区会从全国各地招募采茶工采茶。据了解,名优茶需要采摘芽头,芽茶活叶已达到80—100元一斤,芽叶也要50元左右一斤,而3斤活叶子才能制1斤茶,成本较高。纵然如此,采茶工依然难请,还时常发生争抢工人的情况。采茶工当然也不容易,每天晒得黢黑,腰酸背痛。除了采茶工,茶产业还细分出炒茶师、茶叶理发师、茶苗商、茶工中介等职业。

茶叶采好,就要剪茶枝了,茶枝修剪之后第二年茶叶可以长得更好一些,紧接着浇水、施肥、除虫一系列的工作就要开始了,那时正值炎炎夏日,只一会儿茶农的衣服就都像是刚洗过的一样,一拧全部是汗水。更累的是施肥,因为考虑到绿色环保,很多茶树都是以菜籽饼作肥料的,因为这个无毒害、无污染,而这些都要靠茶农的肩膀一袋袋背到山顶。过去茶产业以传统手工种植、加工为主,但是在新的时期,农业机械化生产已经成为现实和趋势。随着更高效的机械生产和更科学的栽培方式的成熟,种茶、采茶的劳动效率将提高,劳动力成本开支将减少。

体验了茶农的艰辛才能更敬茶农。党的十九大报告明确指出,实施乡村振兴战略,要培养造就一支懂农业、爱农村、爱农民(即"一懂两爱")的"三农"工作队伍。人才振兴是乡村振兴的重要方面,"一懂两爱"为"三农"工作队伍培养指明了方向,提供了基本遵循。农学相关专业的大学生作为"三农"工作队伍的重要力量,理应将"一懂两爱"作为一种标配,铭记到骨髓里面去。

八、习茶技,传承工匠精神

成都的茶馆里,技术最高超的堂倌——茶博士,被认为是茶馆里的灵魂人物,没有几年甚至是十几年的经验,恐怕是难以胜任的。在成都流传这样一句话:"长官不如副官,掌柜不如堂倌。"

关于茶如何制作、冲泡以及如何滋养身心的探索,从古代就已开始。在唐代,茶迎来了它在历史上的第一次辉煌。茶圣陆羽所著的《茶经》第一次全面地介绍了茶的分布、生长、种植、采摘、制造和品鉴。陆羽认为:"茶有九难:一曰造,二曰别,三曰器,四曰火,五曰水,六曰炙,七曰末,八曰煮,九曰饮。"从做茶、鉴别、茶器具选配、选择好炭、把握火力、选择泡茶用水、炙烤茶饼、碾磨茶末、煎煮,到品饮,每个环节都有其精妙之处,体现着精益求精的工匠精神。

到了宋代,点茶法盛行一时,斗茶风极盛,斗茶内容包括斗茶品、斗茶令、茶百戏,内容十分繁杂讲究。茶发展到了明代,出现了散茶。散茶的风行天下成就了撮泡法的辉煌。茶技在明清时期逐步完备。如今,茶技已经成为冲泡茶的技艺与境界的结合体。

茶叶制作的最大难度是在于制作工艺的实操性太强了,任何一本书上,甚至是老师傅都没有速成之法,一个新手想要做一泡好茶,需要反反复复地操作练习,长期的实践才能出得了师。在现实中,制茶工艺甚至被当成三道工艺来完成,即做青师、焙火师、看茶师,俗称"三个半师傅",还有半个是泡茶师。

茶技,是中华民族发明创造的具有民族特色的制茶、饮茶技艺。单就饮茶而言,就包括备器、选茗、择水、取火、候汤、习茶等一系列技艺和程式,是茶文化的重要组成部分。茶人一生专注于种茶、采茶、制茶、用茶,磨炼了淡泊名利、躬身实践、敢于吃苦、无私奉献、精益求精的职业素养和匠人精神。大学生走进茶业现代示范园区,能够了解茶人如何利用最新、最科学的种植和管理手段生产出最优质的鲜茶及茶产品;通过实地参观制茶,感受制茶师傅根据茶的品种采用不同的制茶技术,严格掌握炒制火候,经过20多道工序制成口感最佳的茶叶的精妙;通过观赏研究品类各异的茶具,体会茶具匠人根据器皿功能、茶叶种类、饮茶习惯等制作出轻重、厚薄、大小不同的瓷质盖碗杯、紫砂茶具等的匠心;通过欣赏煮茶法、煎茶法、点茶法等烹饮法,在茶艺师舒缓优雅的举止和娴熟的动作中深化对茶道精神的理解,培育尊重职业、尊重技艺,传承不断钻研、精益求精的工匠精神,严格要求自己将专业做到极致,营造爱岗敬业的社会风尚。

九、访茶人,感悟德技双馨

清晨,在云雾缭绕的茶园里,恩施茶农常常能看到一位精神矍铄的老人在打太极拳,这位年逾八旬的杨胜伟老人是第五批国家级非遗代表性项目"恩施玉露制作技艺代表性传承人""国际硒茶大师""湖北杰出茶人""恩施玉露十佳茶人"。

1959年,在恩施农校毕业并留校任教的杨胜伟前往浙江农业大学茶学系深造,学成以后,他放弃优越工作条件,回到恩施做了一名茶学专业的老师,开启了与茶的不舍情缘。杨胜伟积极致力于恩施玉露制作技艺的教学推广,在历代传承的制茶技艺基础上,经过50多年实践总结,他对恩施玉露制作技艺进行了规范和标准化梳理,为恩施玉露制作技艺的保护和发展做出了重要贡献。这位德技双馨的老者身上有很多优良品质值得我们学习。

一是他淡泊名利,桃李天下。杨胜伟出名以后,有企业出50万元薪金请他合作,目的当然只有一个,利用他的名气赚钱。但他丝毫不为所动,而当恩施职业技术学院请他回到学校非遗传承基地传艺时,他二话不说,受邀当天便投入工作。杨胜伟授业的学生达3500多名,从省城到州城,从县城到农村,从厅级领导到乡镇站长,从行政干部到普通的农技人员,都能在杨胜伟的执教花名册中找到。他用一生中最美丽的时光讲述着"桃李满天下"的美丽故事。

二是他植根大地,情系"三农"。从1997年退休至今的20多年间,得到了"自由身"的杨胜伟担任了45家单位和企业的技术顾问,为培训新型职业农民和茶叶专业技术人员开班36期,培训6772人次。县市随喊随到,茶企随喊随到,活动随喊随到,农民随喊随到。为了帮助贫困户郑国胜脱贫,杨胜伟手把手地教他制作玉露,5天4夜,每天做到深夜一两点钟。谁能想到,这是一位年近八旬的老人在履行"为农民做些事"的诺言!

三是他潜心钻研,不断创新。杨胜伟发现,恩施玉露的加工工艺没有任何系统的文字资料可参阅。于是他决心写一本恩施玉露的专著,突破恩施玉露技艺传承和产业发展的瓶颈。经过10多年摸索、研究和总结,1972年,《恩施玉露生产技术》面世,首次提出加工"恩施玉露"的"工艺温度域"和"偶数法则"概念,系统地总结了操作技术。专著明确指出:"恩施玉露"制作要把住"鲜叶采管"和"及时快速加工"两大环节;熟练掌握"搂、端、搓、扎"四大基本手法;紧扣"蒸、搧、抖、揉、铲、整"六大核心技术;谨记"冷热分明,正点投叶"八字要诀;掌握"稳、适、并、顺、高、小、转、轻、紧、不"十大技术要领,从而确立了"恩施玉露"传统制作技艺的理论体系,规范了操作技术规程。它改变了"口诀式"授徒方式,使理论与实践相结合的群体传艺方式兴起。这是一部里程碑式的专著,忠于传统,不断创新,在创新中传承,在传承中创新。

杨老常说,要守住蒸青,守住那一脉茶心。退休近20年,他从未忘记责任,身体力行,带领一代代茶人重铸恩施茶的辉煌,如今恩施玉露作为"湖北省第一历史名茶""中国优秀茶叶区域公用品牌""中国驰名商标""全球重要农业文化遗产"走俏海内外,品牌价值超过23亿元,杨胜伟老师功不可没。

对广大青年人来说,我们更应该从这些老艺人身上传承匠心、爱心和对社会的责任心。

十、学茶艺,加强美育熏陶

茶艺有六要素。一是人之美。人是茶艺最根本、最为主导的要素。在茶艺表演过程中,人之美主要表现在两个方面:一是外在表现出来的可见的仪表美;二是非直接可见但体现于各方面的心灵美。仪表美是指茶艺者形体、服饰、发型美等综合的美。得体的服饰、发型能够有效地衬托茶艺表演的主题,与茶具相协调,并使观众尽快地进入特定的饮茶氛围,理解、认同茶艺。天生丽质固然是人之美不可多得的因素,但较高的文化素养、得体的举止、自信的技艺、天然的灵气、优美的风度、规范的艺术语言,也是构成人之美的重要因素。

二是器之美。中国自古便有"器为茶之父"之说。当饮茶成为人们精神生活的一部分时,茶具就不只是盛放茶汤的容器,而是一种融造型艺术、文学、书法、绘画为一体的综合性艺术品。精美的茶具首先要具有实用性,达到因茶制宜、衬托汤色、保持香郁、方便品饮的目的。此外,还需要造型质朴自然、富有神韵。

三是茶之美。茶之美有名之美、形之美、色之美、香之美和味之美。茶叶历来有"嘉木""瑞草"之美称。人们喜欢给各种茶冠以清丽雅致的名称,或以地名来命名,如西湖龙井、安溪铁观音;或以地名加茶叶外形来命名,如君山银针、平水珠茶、六安瓜片;或以相关的美丽传说来命名,如大红袍、绿牡丹、猴魁茶等。美丽而富有内涵的茶名让人难忘。形,指茶叶外表形状,大体有长圆条形、卷曲圆条形、扁条形、针形、花叶形、颗粒形、圆珠形、砖形、饼形、片形和粉末形等。色,指干茶的色泽、汤色和叶底色泽。因加工方法不同,茶叶可做出红、绿、黄、白、黑、青不同色泽的六大茶类。

四是水之美。水质对茶质有直接影响,水质能影响茶汤的品质,水质不好就不能正确地反映茶叶的色、香、味、韵。明代张大复在《梅花草堂笔谈》中就写到过"茶性必发于水,八分之茶,遇十分之水,茶亦十分矣;八分之水,试十分之茶,茶只八分耳。"在古代,人们就对水与茶的关系有了很好的认识。历代鉴水的标准强调水应"源清、水甘、品活、质轻"。水发茶性,究竟什么水宜茶呢?人们一般赞同陆羽的观点:"山水上,江水中,井水下。"据化学分析,硬水泡茶,茶汤发暗,滋味发涩;软水泡茶,茶汤明亮,香味鲜爽,所以软水宜泡茶。

五是艺之美。茶的沏泡艺术之美表现为仪表美与心灵美。仪表是沏泡者的外表,包括容貌、姿态、风度等;心灵是指沏泡者的内心、精神、思想等,通过沏泡者的设计、动作和眼神表达出来。例如,泡茶前由客人"选茶",主从客,以表达主人对宾客的尊重,同时也让客人欣赏了茶的外形美;置茶时不用手抓取茶叶,是讲卫生的表现;冲泡时用"凤凰三点头"的手法,犹如对客人行三鞠躬。另外,敬茶时的手势动作、茶具的放置位置和杯柄的方向、茶点的取食方便程度等均需处处为客人着想。在整个泡茶的过程中,沏泡者始终要有条不紊地进行各种操作,双手配合,忙闲均匀,动作优雅自如。

六是境之美。对茶境的拟人化,平添了茶人品茶的情趣。如郑板桥品茶邀请"一片青山入座",陆龟蒙品茶"绮席风开照露晴",齐己品茶"谷前初晴叫杜鹃",白居易品茶"野磨林鹤是交游"。在茶人眼里,月有情、山有情、风有情、云有情,大自然的一切都是茶人的好朋友。

这六美相辅相成,不可分割,一起组成了一幅浓淡相宜、意境深远的水墨画。"玄妙之意,出于物类之表。"茶艺表演的审美特征是通过外观来追逐内在美,其内在美即"物我两忘""自然和谐"的茶道。在茶艺表演中,茶艺师的技艺、解说员的茶艺说明以及茶室的意境共同传达的是一种人生表达。欣赏茶艺表演实则是在动静之间洞察万物玄妙,领悟人生哲理,感受人文精神,是审美主体无形的心理感受和情绪体验化为有形物境与物感的过程。经常研习茶艺,可以让人感受到"天人合一""道法自然"的和谐之美。

清悠的传统音乐、精辟的茶艺解说、优雅的肢体动作,茶艺师在茶席空间内以泡好一杯茶、展示茶道之美和茶道精神为目的,动态地呈现茶艺的过程,就是茶艺演示。精彩的茶艺演示可以给人以美的感官享受和愉悦的精神。

茶艺包括选茶、择水、烹茶技术、茶具艺术、环境的选择创造等一系列内容。就茶艺的内涵而言,应该包括:①对各种茶叶色、香、味、形的欣赏,包括干茶、茶汤、叶底;②茶叶沏泡过程,包括沏好一壶茶必须具备的技艺和沏茶本身的演示艺术;③茶具的欣赏,包括必备茶具的质地、款式与特殊茶具的收藏把玩;④茶席的布置与设计;⑤良好的品茗环境与空间设计;⑥修身养性的精神洗礼。

中国传统茶艺经过长期积淀,形成千姿百态、异彩纷呈的茶艺表现形式。中国传统茶艺,按内涵分,有民族茶艺、宗教茶艺、人文茶艺等;按演示者分,有成人茶艺、少儿茶艺、道茶演绎、禅茶演绎等;依据饮用方式,有清饮泡茶茶艺、调饮泡茶茶艺、清饮煮茶茶艺、调饮煮茶茶艺等;依据主泡茶具,有壶泡茶艺和撮泡茶艺等;按目的分,有表演型茶艺、营销型茶艺、生活型茶艺、技能型茶艺、修行养身类茶艺等。我们现在一般将这些统称为"中华茶艺"。

任何时候,任何中国艺术,都要有充分的民族个性自觉,茶艺的灵魂是茶道,茶艺的最本质特征应该与茶道相吻合,因而,茶艺有其求精进、尚本真、修儒雅、得中和的内涵精神。

一为求精进。茶,生于烂石砾壤之间,却不自轻自弃,努力吸取天地精华,虽经风吹日晒雨淋,采摘揉捻顿挫,气蒸火烤炭焙,却不改初衷,坚守自己的清白与价值追求,最后在沸腾的开水中勇敢绽放自己,毫无保留地奉献自己,最终成就那一杯完美的茶汤。要想习得茶的精进之精神,首先要有一颗谦虚温良的心,真正地认知茶、读懂茶,了解每一份茶来之不易的艰辛,懂得每一片茶的初心,潜心去领悟茶与水的一期一会,以求对得起这份茶对于你的信任。简单、大气、雅致、精美、理性的茶艺流程,让人在体味茶的自由与率真之余,更多的是清醒,是约束,是规范,是自律。

二为尚本真。真者,信也。茶艺崇尚本真的特质,可以帮助我们树立求真务实、脚踏实地的科学研究精神,树立自然、朴实、快乐的健康理念,形成诚实、守信、真诚的品格。学习茶艺,首先要学习茶叶科学知识,了解茶叶的生长、种植、加工、品饮特点,懂得做好茶、泡好茶、会喝茶的重要性。其次,茶饮要求尊重茶的天然属性,珍惜茶的"真香灵味""烹而啜之,以遂其自然之性",容不得虚假、花哨、粉饰。茶艺演示也注重"天然去雕饰",潜心泡出一杯好茶汤,尽情诠释茶的魅力,不能过分夸大演绎茶以外的元素。

三为修儒雅。茶为草中英,乃天地之灵物,承丰壤之滋润,受甘霖之霄降,是"南方之嘉木",象征着"尘世间的纯洁"。它"洁性不可污",寓意着高贵的君子性。茶的特性与人的性情最为贴近,其冲淡、平和、纯洁、正直、朴实、高雅、与世无争的特性非常吻合中国传统文化的特质。茶艺具有浓郁的文化韵味,内涵丰富的茶道,赏心悦目的演示动作,精美绝伦的茶席设计,尽善尽美的茶饮环境使人们能通过茶艺活动获得精神的愉悦,"探玄虚而参造化,清心神而出尘表",修身养性,使自己的心智更为高雅。

四为得中和。茶艺最核心和最根本的任务,是把植物的茶转变为仪式化的茶汤,使茶汤充满人情味和审美感,呈现一杯更加完善的茶汤。"茶"为茶汤之核,"器"为茶之父,"水"为茶之母,"火"为内功,"境"为外力,"人"则是协调、观照的主体,要准确把握前面五个基本元素之间相互依赖与制约的关系,进行有礼有节的茶艺演示,最终调和出一杯蕴含天、地、人三者灵气的好茶汤。

茶艺的最高境界,重在诠释自己对茶、对人、对自然、对人生的理解,即人与自然的和谐、人与人的和谐、人自身的和谐、人与社会的和谐,充分体现了中国儒、释、道哲学的中和之精髓。

中华茶艺一脉相承的是茶文化的精髓、茶文化的核心——"廉、美、和、敬"的茶道精神。仔细品味茶艺演示的艺术特征,沉浸到舞台营造出的特殊意境中去,对沾染了浮躁和功利之气的青年人来讲,无疑是洗涤心灵、进行美育熏陶和良好性格养成的绝好方式。

十一、懂茶礼,共创友好世界

"投之以木桃,报之以琼瑶。"2020年新冠肺炎疫情时,蒙古国给武汉送来3万只羊。2020年12月8日,湖北回赠蒙古国核酸试剂盒3万人份、3台PCR检测仪,还有中蒙两国人民都非常喜欢的青砖茶2万份、宜红茶2000份,中蒙共创"羊来茶往"新佳话。

《荀子·修身》中说:"人无礼则不生,事无礼则不成,国家无礼则不宁。"行茶为礼,见于汉;茶礼为典,始于唐。自《茶经》问世至今,茶器不断创新,茶仪气象万千,但万变不离茶之本性,"精俭"之道,更是始终维护中国传统文化"和"的核心价值观。在中国茶文化哲学体系中,"和谐"是茶文化的核心思想,"礼仪"是茶文化的基石,"尚美"是茶文化的精华,"俭德"是茶文化的情操。

《中国茶叶词典》解释"茶礼仪",是指敬茶的礼节仪式。中国是礼仪之邦,素有以茶待客、以茶示礼的民俗,不同地域、不同场合也形成了不同的敬茶之礼,诸如宫廷茶仪、宗教茶仪、家庭茶仪、敬宾茶仪、婚礼茶仪等多种类型。客来敬茶、以茶代酒、三茶六礼、以茶为祭、宗教茶俗等都是饮茶习俗。

茶礼仪是在茶事活动中形成的,并得到共同认可的一种礼节、礼貌和仪式,是对茶事活动中所形成的一定的礼仪关系的概括和反映。由于其脱胎于中国传统文化,融入了儒、释、道等思想精华,并具有自己的个性,尤以"敬、净、静、精、雅"为特色,充分彰显中华民族礼仪风采。

茶礼在日常社交、亲友往来、国际交往中起到了构建和谐人际关系、维护社会秩序、促进世界有效沟通的重要作用。

随着中国与世界各国的友好往来日益频繁,茶作为和平文明的使者,更成为国际交往中的理想载体,在对外交往中一杯清茶,不仅可以示意我国和平友善的外交态度,同时还能展示中华民族的精神风貌,从而加深我国与世界各国的友谊与交流。当然,在涉外交往中,既要传承和发扬我国优良的礼仪传统,保持民族特色的礼仪与风格,又要吸收外国礼仪中的一些好的东西,遵循一系列国际通用惯例,洋为中用,融会贯通,逐步形成一套与世界礼俗接轨的现代茶礼仪,通过茶礼仪搭建友好邦交的桥梁,让茶文化成为"中国更好地了解世界,世界更好地了解中国"的窗口。

"从古代丝绸之路、茶马古道、茶船古道,到今天丝绸之路经济带、21世纪海上丝绸之路,茶穿越历史、跨越国界,深受世界各国人民喜爱。"茶是礼仪的表示,也是友谊的象征,它已经成为中华民族与世界各国共结和平、交流合作、互利共赢的重要纽带。

"淡中有味茶偏好,清茗一杯情更真。"近年来,在众多外事场合,习近平总书记多次以茶引题,在弘扬中国传统文化的同时,生动阐释了中国主张;习近平总书记也常与外国领导人茶叙,在轻松雅致的氛围中共话友好未来。当代大学生应该自觉研习茶礼,领略茶俗茶礼中"天人合一""以和为贵"的思想文化精髓,深刻认识"亲诚惠容""共商共建共享"的习近平外交思想中彰显的中华民族的包容精神和大国胸怀,重振"礼仪之邦"的文明风范,构建人类命运共同体,共同建设美好世界。

十二、辨茶品,颐养健康身心

茶经历了漫长的发展过程和复杂的变革才成为今天的饮品。唐朝陆羽在《茶经》中记载"采之、蒸之、捣之、拍之、焙之、穿之、封之,茶之干矣",这是中国最早蒸青团饼茶的制造方法。到了宋朝,除保留传统的团饼茶制法外,还出现了蒸青散茶,即将茶鲜叶蒸后不揉不拍,直接烘干呈松散状。元朝团饼茶逐渐减少,散茶得到较快发展。明朝出现了炒青制法,这是制茶技术上的一大革新,与此同时还出现了白茶、黄茶和黑茶;清朝又出现了乌龙茶(青茶)和红茶。至此,绿茶、黄茶、白茶、乌龙茶(青茶)、红茶和黑茶,俗称"六大茶类",已基本形成。中华人民共和国成立后,我国根据地域差异、产茶历史、品种类型、茶类结构、生产特点等因素综合考虑,将全国产茶区划分为华南茶区、西南茶区、江南茶区、江北茶区。

从古到今,勤劳智慧的茶人们创造出众多历史名茶和新创名茶,如径山茶、西湖龙井、阳羡雪芽、碧螺春、敬亭绿雪、信阳毛尖、君山银针、黄山毛峰、武夷岩茶、祁门红茶、正山小种、金骏眉、都匀毛尖、六安瓜片、安溪铁观音、高桥银峰、庐山云雾、恩施玉露、蒙顶甘露、霍山黄芽、滇红、普洱茶,等等,数不胜数。湖北也有采花毛尖、宜红茶、峡州碧峰、恩施富硒茶、邓村绿茶、湖北青砖茶等名茶。中国是世界上茶品类最丰富的国家。

陈宗懋院士说:"饮茶一分钟,解渴;饮茶一小时,休闲;饮茶一个月,健康;饮茶一辈子,长寿。"中国人制茶、选水、鉴器、煎茶、品饮的过程,蕴含着对美好、时尚、健康生活的追求与寄托。

(一) 茶有令名

茶名的内涵,到茶汤里的禅意,是茶叶带给人们生生不息的新希望。
绿茶:千岛玉叶、恩施玉露、碧潭飘雪、舒城兰花;
白茶:白牡丹、白毫银针;
红茶:竹海金茗、金骏眉、九曲红梅;
黑茶:金瓜贡茶、千两茶;
黄茶:鹿溪玉贡、霍山黄芽;
乌龙茶:东方美人、大红袍、白鸡冠、凤凰单丛、铁观音,等等。

(二) 茶有六色

同一片茶树鲜叶,根据制作方法和茶多酚氧化(发酵)程度的不同,可以分别做出绿茶、白茶、黄茶、乌龙茶(青茶)、红茶、黑茶"六色茶"。并且,还有墨绿、翠绿、灰绿、草绿、砂绿、青褐、乌润、乌黑、洁白、灰白、嫩黄、褐黄、黑褐、青褐、棕褐、黄褐。其中,黄绿明亮,红艳明亮,橙黄明亮,浅黄明亮,黄绿明亮,褐红明亮……丰富多彩的中国色,无不给人美好的遐想。

(三) 茶有真香

茶叶的香气来源于所含的 50—300 种芳香物质,茶叶香气的形成受多种因素的影响,不同产地的茶叶均具有各自独特的香气。

(四) 茶有百味

人们常说"茶如人生",是说茶有百味,主要有苦、涩、甘、鲜、活等。

(五) 茶有千态

由于品种、采制技艺不同,茶叶可分为花朵形、长条形、卷曲形、片末形等不同形状和形态,有的纤嫩如雀舌,有的含苞似鸟嘴,有的挺直赛松针,有的卷曲如海螺,有的浑圆似珠宝,有的满身披银毫,可谓千姿百态,争艳斗芳。

(六) 茶有多类

茶按发酵程度可以分为不发酵茶,如绿茶;半发酵茶,如乌龙茶;全发酵茶,如红茶、黑茶。按照加工工艺和产品特性,结合鲜叶原料、茶树品种、生产地域进行分类的原则,我国的茶叶产品可分为绿茶、红茶、白茶、黄茶、乌龙茶、黑茶和再加工茶。

(七) 制作有术

茶的制作过程包括杀青、揉捻、萎凋、做青、干燥、发酵、渥堆等,每一道程序都是精工巧作。

(八) 品饮有艺

茶的品饮方法包括煮饮法、点茶法、冲泡法、调饮法、热饮法、冷饮法、药饮法等。并且,我国还有丰富的民族茶饮茶俗。

(九) 健康功效

从《神农本草》到《本草纲目》,都记载了茶叶的药用、食用、养心、怡神功效,主要有生津止渴、清热解暑、安神益思、消食解腻、和胃止泻、利尿通便、明目利齿、杀菌解毒等药用价值。茶对现代病,如高血压、糖尿病、癌症、心血管病、辐射等的治疗也有一定的益处,主要表现在:抗氧化和延缓衰老、增强免疫、保护心脑血管、降血脂、降血压、抗过敏、防龋齿、抗辐射等。

(十) 学会健康饮茶

健康饮茶包括:不同体质喝不同茶;不同季节喝不同茶;每天坚持泡喝两三次茶;不喝太浓的茶;不喝隔夜茶等。

饮茶时,应看其形,观其色,闻其香,尝其味,品其格。中国茶追求茶净、水净、器净、席净、人净、心净。喝茶能养生、修性、怡情、尊礼,于己、于友、于社会、于国家、于世界,都有益处。品中国茶,是一种美好的生活方式;中国茶,是真善美使者;中国茶,是上苍赐予人类的福祉。

十三、学茶企,承担社会责任

"樽前如得风雅意,茗里尽知长盛川。"长盛川是传承600多年的湖北老字号品牌,1368年由何氏先祖何德海创立,被视为青砖茶鼻祖。凭借优质的青砖茶品质和精细的制作工艺,长盛川产品畅销欧亚非,被誉为"亚欧万里茶道上的瑰宝"。

湖北长盛川所属的鑫鼎集团发起成立湖北省宜昌思源慈善基金会,连续举办9届"百万助学"活动,使近千名三峡库区贫困学生圆梦大学;整合企业产业能力,运用农业、教育、文化、健康多项扶贫措施,助力了多个贫困山村脱贫摘帽。

(一)抓助学品牌打造,带动教育脱贫

"因学致贫"是很多贫困户致贫的主要因素之一,一个孩子关乎一个家庭的未来。由以鑫鼎集团为主要捐赠企业的湖北省宜昌思源慈善基金会一直积极致力于捐资助学,积极打造思源"百万助学"品牌项目。自2013年以来,基金会已连续举办了9届思源"百万助学"活动,共资助来自宜昌13个县、市、区468个乡村(社区)的983名贫困大学生,确保每个贫困生每年领取学费5000元直至毕业,发放的助学资金达到千万元,其中资助少数民族贫困生145名。现已有300多个学生毕业走向社会施展才华。同时,对贫困县、乡镇、村及贫困家庭脱贫起到了很大的推动作用。

(二)支持教育事业发展,为国家培养高端人才

鑫鼎集团积极支持教育事业的发展,通过湖北省宜昌思源慈善基金会先后在武汉大学、三峡大学、华中农业大学、湖北工业大学以及宜昌市一中及夷陵中学、咸宁高中和伍家岗区各中小学校等捐资设立"鑫鼎奖助学金""鑫鼎思源大学生创新创业基金""鑫鼎助学助教基金""鑫鼎长盛川青砖茶奖学金""名师工作室"等,以多种方式支持在校贫困生学习和学校教育基础设施的建设。还为咸宁何功伟中学捐资建立"功伟图书室";2016年,为咸宁高中捐赠价值近500万元的图书10万册。

(三)充分调动一切力量,利用各种资源开展教育扶贫

对数百名助学金申请贫困生,鑫鼎集团干部职工以及志愿者每年克服种种困难深入贫困山区学生家庭走访调查,行程累计达6万多公里。他们还对已经入校的资助生持续开展后续跟踪助学,进行关心回访活动。鑫鼎集团管理层干部、党员代表连续4年与贫困生进行一对一帮扶结对。几年来,集团干部和基金会工作人员赴北京、广州、武汉等地多所大学,对300多名学生进行回访并了解他们在校学习生活情况,积极为受助生提供假期社会实践再教育的学习机会。

鑫鼎集团雪中送炭式的帮扶,给了贫困学子走出大山的勇气,不少曾经受过资助的大学生在学有所成后,开始接过慈善接力棒。湖北大学学生李雪婷,毕业后选择去恩施一个贫困村做志愿扶贫工作,还有的毕业生到祖国边疆施教扶贫等。

多年来,鑫鼎集团积极参加宜昌市委统战部、宜昌市工商联组织的光彩行动,长期每年坚持到多个社区数十名困难家庭走访慰问。据不完全统计,鑫鼎集团各

类助学助教、扶贫济困捐款达8800万元。鑫鼎集团、湖北省宜昌思源慈善基金会获得"全国万企帮万村"精准扶贫行动先进民营企业和"湖北省扶贫开发工作先进单位""宜昌市慈善扶贫突出贡献单位"等多项荣誉。集团董事长何文忠获得第二届中华慈善总会突出贡献(个人)奖、"民建扶贫攻坚突出贡献奖",副董事长、总经理何建刚获得湖北省"千企帮千村"精准扶贫行动"光彩之星""杰出楚商"荣誉称号,深得社会各界的赞誉。

十四、兴茶业,培养创新思维

在世界历史文化名人屈原的家乡——湖北宜昌秭归县,有一种奇特的茶树,用手拉断茶叶叶面,丝线不断,它就是丝绵茶。是谁发现丝绵茶的鲜叶有丝,现已无从考证。但丝绵茶距今已有230多年的历史却是有证可考。据光绪九年(公元1883年)《归州志》记载,清乾隆年间,秭归九畹溪人李高永,因贤达被乾隆帝召见,恩赐"登仕郎"。李献茶皇上,乾隆见该茶幼芽断面新奇,银丝万缕,银光夺目,即品之,深感此茶清香馥郁,滋味鲜爽,回味绵长。顿时龙颜大悦,赏其盖碗茶具一套,并赐名"丝绵茶"。

湖北三峡世家农业开发有限公司(简称三峡世家公司)始建于2013年,是专业从事茶叶种植、加工、销售和乡村旅游开发的一、二、三产业协同发展的新型农业经营主体。公司自入驻九畹溪镇界垭村以来,已先后投资3000多万元,建成集茶厂、农业观光、乡村民宿、酒店美食为一体的大型农旅融合综合体。2016年,三峡世家公司被评为"宜昌市农业产业化龙头企业""宜昌市休闲农业示范点""湖北省五星级农家乐"。这家公司的总经理就是湖北三峡职业技术学院的"一村多名大学生计划"的在校大学生王萍。

三峡世家公司利用自身技术、资金及市场优势,结合当地优质的土壤、气候等自然资源和旅游区得天独厚的地理条件,采取"公司＋基地＋农户"的运行模式,大力发展茶叶生产,同时开发茶园观光旅游。截至2022年,三峡世家公司投资已达5000万元,已建成标准厂房二栋,配置4条全新茶叶生产线,年生产并销售"三峡人家"系列丝绵茶100余吨;二期项目控制性工程黑红茶生产基地已基本完成,将生产经营领域向多方扩展。

三峡世家公司拥有专业化冷藏车间及包装车间,并配备专业高端监测检验设备,产品以"三峡人家"丝绵茶为品牌进行宣传及推广,目前销售区域已拓展至湖北、江苏、上海、新疆、内蒙古等14个省(市、区),深受市场追捧。

三峡世家公司不断创新,积极推进茶旅融合发展,不断扩宽经营范围,2015年8月投资2000万元的度假山庄接待中心竣工营业,另建有钓鱼池、观光茶园等休闲点,可满足客人在舟车劳顿或闲暇之余的娱乐需要。

与此同时,王萍还在老师的指导下,对企业现状进行诊断,找出存在的三个问题:①丝绵茶文化底蕴挖掘不够,市场知晓度低;②丝绵茶茶叶产品创新不足,三产融合度差;③销售渠道单一,跟不上市场快速迭代。由此,发现两个机遇:①茶礼在婚庆市场上的占比不足1%,95%以上的人不知道或者不清楚茶与婚俗的关系;②以茶文化为核心的主题旅游市场持续升温,市场广阔。

这激发了王萍以创新方法解决秭归县丝绵茶产业发展困局的信心,王萍通过挖掘、扩宽丝绵"情丝绵长"的茶文化象征意义,复古中国喜茶传统文化,打造了一个复兴茶礼文化的喜茶场景地。并且还策划了"喜仕郎"品牌形象,未来将开发丝绵喜茶相关茶叶产品、茶叶深加工及周边产品,建设喜茶文创园基地,建立茶园管理、产品品质管理、项目管理标准化流程,通过线上线下全渠道营销实现既定目标。

十五、悟茶德,倡导以茶养廉

晋代有一个文人,叫陆纳,曾经担任过吴兴太守,累迁尚书令,是一个以俭德著称的人。当有客来访,他以茶相待,各人一盏,然后作别,从不备酒宴招待,被当时盛传。一日,权倾朝野的卫将军谢安来拜访。陆纳的侄子陆俶对叔父招待之品仅为茶果而不满,便自作主张,暗暗备下丰盛的菜肴。待谢安来了,陆俶便献上了这桌丰筵。客人走后,陆纳恼怒责怪陆俶:"汝既不能光益叔父,奈何秽吾素业!"意思是:"你不仅不能为我增光添彩,反而坏了我朴实的家风。"而后打了侄子40大板,狠狠教训了一顿。这就是有名的"陆纳杖侄"的典故。

茶在与道家神仙思想发生联系的同时,也与儒家思想结缘,引领了当时人们勤俭节约的生活作风。儒家思想所提倡的"穷独达兼、勤俭节约",深入魏晋南北朝时期人的精神生活,并与品茶融合,从而开启了"以茶养廉"的茶文化传统。

我国两汉崇尚节俭,西汉初,皇帝还乘牛车。东汉国家已富,但人际交往和道德标准,仍崇尚孝养、友爱、清廉、守正,士人皆以俭朴为美德。汉末与三国虽门阀日显,但尚未尽失两汉之风。所以曹操虽有铜雀歌舞,仍要做出节俭的姿态,"亲耕籍田",临逝有遗言:"以时服入殓,墓中不藏珍宝。"

到了两晋南北朝,时尚大变。此时门阀制度已经形成,不仅帝王、贵族聚敛成风,一般官吏乃至士人皆以夸豪斗富为美,多效膏粱厚味。晋初三公世胄之家,有所谓石、何、裴、卫、荀、王诸族,都是以奢侈著名。

在这种情况下,一些有识之士提出"养廉"的问题。《晋书》记载:"桓温主张以茶代酒。"桓温既是个很有政治、军事才干的人,又是个很有野心的人物,他曾率兵伐蜀、灭成汉,因而威名大振,欲窥视朝廷。不过,他在提倡节俭这一点上,也算有眼光。

南北朝时,齐武帝不喜游宴,死前留下遗诏,说他死后丧礼要尽量节俭,不要多麻烦百姓,灵位上千万不要以三牲为祭品,只放些干饭、果饼和茶饮便可以,并要"天下贵贱,咸同此制",想带头提倡俭朴的好风气。这在帝王中也算难得。以茶为祭品大约正是从此时开始的。我们看到,在陆纳、桓温、齐武帝那里,饮茶已不是仅仅为提神、解渴,它开始产生社会功能,成为以茶待客、祭祀并表示一种精神、情操的手段。

饮茶已不完全是以其自然使用价值为人所用,而且已进入精神领域。茶的"文化功能"开始表现出来。此后,"以茶代酒""以茶养廉"一直成为我国茶人的优良传统。唐代政治家、文学家、著名宰相李德裕,特别喜爱天柱茶,欲觅"几小袋"品尝,结果舒州牧送上几十斤,他不仅拒收,还写诗批评。他自己很爱江苏惠山泉,曾经开辟一条惠山到西安的特快专线,用来送水。这耗费人力、物力、财力,给当地和沿路的百姓增加了很多负担。后来他取消了"水递",是因为不忍因此而玷污纯洁的茶,也不想玷污自己的令名。常饮茶者有平常心,如茶之淡泊,淡泊明志,淡泊致远。真正的茶人是知足少欲的,知足则长乐,少欲则不贪,持素业而积极进取。

当前,各高校正在推进清廉学校建设,纷纷把政治生态清明、校风清正、作风清新、文化清廉作为自己的建设目标,在校园内倡导茶文化,引导大家争做以茶养廉的典型模范无疑是一条很好的路径。

十六、明茶道,弘扬中华美德

"阅遍人间笑浮华,莫若细品一杯茶。"茶道对于我们修身养性,陶冶情操具有独特的作用。

茶道是茶文化的核心内容,是以修身养性为宗旨的饮茶艺术,它具有一定的时代性和民族性,茶道精神囊括了儒家"仁礼"、道家"无为"、释家"和善"等思想精髓。

唐代皎然《饮茶歌诮崔石使君》诗云:"孰知茶道全尔真,唯有丹丘得如此。"意思是通过修习茶道可以保全真性。仙人丹丘子深谙其中奥妙。该诗不仅描写了"越人遗我剡溪茗,采得金芽爨金鼎。素瓷雪色缥沫香,何似诸仙琼蕊浆"的饮茶之道,还描写了饮茶修道的过程,"一饮涤昏寐,情来朗爽满天地;再饮清我神,忽如飞雨洒轻尘;三饮便得道,何须苦心破烦恼。"皎然的"茶道"是"饮茶之道"和"饮茶修道"的统一,通过"饮茶之道"来修道、悟道,从而涤昏寐、清心神、破烦恼、全真得道。

明代张源在其《茶录》一书中单列"茶道"一条,其记:"造时精,藏时燥,泡时洁。精、燥、洁,茶道尽矣。"张源的"茶道"概念含义较广,包括造茶、藏茶、泡茶之道。

由此可知,中国古代的"茶道"概念,不仅涵盖"饮茶之道""饮茶修道",而且还包括"采茶、制茶、藏茶之道"。

当代茶圣吴觉农认为,"茶道是把茶视为珍贵、高尚的饮料,饮茶是一种精神上的享受,是一种艺术,或是一种修身养性的手段"。

一代宗师庄晚芳认为,"茶道就是一种通过饮茶的方式,对人们进行礼法教育、道德培养的一种仪式"。

茶道中的饮茶本质上是艺术性的饮茶,是一种饮茶艺术,这种饮茶艺术用中国传统的说法就是"饮茶之道"。修习茶道的目的在于养生修心,以提高道德素养、审美素养和人生境界,求善、求美、求真,用中国传统的说法就是"饮茶修道"。因此,可以为茶道下如下定义:茶道是以养生修心为宗旨的饮茶艺术,简言之,茶道即饮茶修道。

中国茶道是饮茶之道和饮茶修道的统一,饮茶之道和饮茶修道,如车之两轮、鸟之双翼,相辅相成,缺一不可。饮茶修道,其结果在于悟道、证道、得道。悟道、证道、得道后的境界,表现为道法自然、一切现成、饮茶即道。饮茶即道是茶道的最高境界,茶人的终极追求。因此,中国茶道蕴含饮茶之道、饮茶修道、饮茶即道三义。

中国的茶道精神蕴含着为人处事的基本原则和高尚情操,与社会主义核心价值观高度契合,大学生可以通过走进茶文化体验馆、茶园文化艺术中心等,置身其中,深刻感悟茶道精神的博大精深,学习中国传统智慧。这不仅有利于大学生加强自省,还能帮助他们提升自我修养、实现人格完善,树立正确的世界观、人生观、价值观,以更加平和健康的心态对待生活与学习,以更积极的行动践行社会主义核心价值观。

第十六章　建设耕读教育大学堂促进城乡融合大发展

2020年3月,《中共中央国务院关于全面加强新时代大中小学劳动教育的意见》明确指出"把劳动教育纳入人才培养全过程";2021年1月,《中共中央国务院关于全面推进乡村振兴加快农业农村现代化的意见》强调"开展耕读教育";2021年2月,《中共中央办公厅国务院办公厅关于加快推进乡村人才振兴的意见》要求"全面加强涉农高校耕读教育,将耕读教育相关课程作为涉农专业学生必修课"。

新时代背景下,在中国传承几千年的耕读教育上升到国家政策层面,从乡村振兴、人才培养的高度被明确。耕读教育不仅仅是大中小学生必须接受的教育,而且是迈向新时代实现城乡融合发展、重新发现乡村价值的重要载体。乡村振兴的时代意义不是单纯的资本下乡的产业振兴,而是迈向新时代的乡村振兴,耕读教育将会承担起将古老的农耕文明与新时代工业文明嫁接、城市与乡村互补共生、物质与精神统一的使命。

结合五峰生态资源、人文资源等特点,县委、县政府以建设"五峰乡村耕读劳动教育大学堂"(以下简称"耕读大学堂")为抓手,促进城乡融合大发展。耕读大学堂是由政府主导、部门共建、企业运营,营地、基地、耕读学堂、资源点共同构建的指导大中小学生实施乡村耕读、研学实践、综合实践活动等实践教育的大学校。耕读大学堂从空间位置来讲,包括2大营地、10大基地、50个耕读学堂(乡村耕读农家或微学堂)、100个资源点(未纳入基地的资源);从教育内容来讲,从大中小学生实践教育拓展到党建团建、康养教育、亲子教育等;从受众群体来讲,从大中小学生扩展到成年人、老年人等;从行业类别来讲,从以教育行业为主体,延伸到科技、文化、旅游、康养等行业。耕读大学堂旨在连接域内外教育、传承耕读文化、实现城乡融合、培养现代人才、助力乡村振兴,让耕读教育成为青少年不能忘记的人生记忆,让耕读教育成为新时代城乡要素融合的有效载体,让耕读教育成为世代相传的中国特色文化基因。

一、建立"政府＋企业＋学校"耕读大学堂运营管理机制

(一)成立领导小组

成立县耕读大学堂领导小组,由县委主要领导担任组长,教育局、人社局、农业农村局、乡村振兴局、文旅局、财政局、发改局等相关部门领导参加,明确各职能部门工作职责,推进耕读大学堂工作开展。

(二)组建合资公司

耕读大学堂由政府主导,引进实力雄厚、专业性强的教育企业,由上海四季教育集团、五峰国有企业宜昌长乐城投集团与武汉学知研学旅行服务有限公司共同组建合资公司(五峰四季学知乡村耕读教育管理有限公司),采取公司化运作,实施对耕读大学堂的运营管理。耕读大学堂下设有教学部、外联部、营务部、培训部、办公室等机构。

(三)出台工作文件

县政府出台《五峰开展乡村耕读教育,促进乡村振兴发展的实施意见》,县教育局、县乡村振兴局出台《五峰创建耕读教育大学堂指导意见》《五峰耕读大学堂管理办法》,探索教企携手"共创、共建、共管、共赢"新机制,助力千百万城乡学子牵手互动、互学、互助、互成长的知行合一育人模式构建,以教育人流,激活全域教育、全域旅游人流,助力城乡融合发展、乡村振兴,让千百万农户坚守乡土能致富、守护乡村能发展。

二、做好"营地＋基地＋农户"耕读大学堂建设规划布局

五峰是民族地区、革命老区、脱贫地区,历史悠久,资源丰富,耕读大学堂以各类自然资源和社会资源为基础,由四季学知教育营地(可供食宿和开展集体活动)、耕读教育基地(具有教育意义的资源地)、耕读学堂(具备参加农事农户劳动条件的农户劳动体验点,也称"微学堂")、资源点共同构成。目前,正集中力量规划建设渔洋关镇、长乐坪镇研学实践和耕读教育项目,以"两翼齐飞"奠定耕读大学堂大厦框架。

一是以渔洋关镇为依托,以"茶文化茶技能教育"为特色,以"四季学知教育营地"为中心,规划建设研学实践教育五大基地,即万里古茶道与红军故道实景体验

基地、青岗岭茶文化实景体验基地、县职教中心茶文化茶技能实习实训基地、三峡茶乡非物质文化遗产传承体验基地、茶博馆及茶文化工业遗产体验基地。

二是以长乐坪镇为依托，以"乡村耕读教育"为特色，以"天问书院研学营地"为中心，规划建设乡村耕读教育五大基地，即中草药与国医文化体验基地、农事农户劳作体验基地、传统手工作坊技能体验基地、土家民俗文化传承体验基地、自然教育与科普考察体验基地。

三是以渔洋关镇、长乐坪镇、仁和坪镇为依托，王家坪村、沙湖村、清水湾村、茶店子村、白岩坪村、杨家垴村6个村20家农户做乡村耕读教育微学堂试点，逐步扩展到交通便利的乡镇、村庄和农户，耕读学堂达到50个。

四是以境内旅游、文化、工业、农业等资源为依托，充分利用基地以外的资源，如五峰山国家森林公园、百溪河国家湿地公园等，建设可供研学的资源点。在建成上述项目的基础上，循序渐进建设其他延展项目，不断西扩西进，利用耕读大学堂这个资源汇聚力量，逐步将营地、基地、微学堂、资源点覆盖全县，营地由目前的2个发展到5个，四季学知教育营地、天文书院研学营地、五峰镇营地、牛庄乡营地、湾潭镇营地，基地由10个增加到20个，微学堂由现在的50个扩展到100个，资源点由100个发展到200个，以此带动县域经济社会发展。

三、实施"学校课程＋家务劳动＋劳动周课程"耕读大学堂课程教学策略

耕读大学堂以创新思维、教育思维用心整合五峰县丰富的自然生态资源、人文资源、特色资源、文旅资源，将其转化为极具价值的教育资源。以"耕读教育课程化、研学实践课程化、全域教育课程化"为目标，精心打造和研发各类主题课程，精心构建多元化的师资队伍，精心谋划特色课程的优化组合，助力五峰域内外大中小学生到耕读大学堂开展生动、有趣、体验性强的耕读教育、研学实践、康养教育、团队建设，进而展示革命老区优质的教育生态和教育大环境。

一是编写耕读教育课程。学校是耕读教育的基础。在耕读文化传承与创新的过程中，学校起着重要作用。耕读大学堂组织专业力量设计了《中国茶文化传承与体验》《五峰老区精神红色文化研学》《茶乡非物遗产传承体验》《峰景这边独好——三峡茶乡五峰耕读研学实践教育指南》等核心课程，并编写了教材。

二是明确家务劳动要求。家庭是耕读教育关键，耕读大学堂组织编写《家庭劳动教育指导意见》，提出家庭劳动教育基本要求，指导家庭开展耕读教育。

三是广泛实施劳动周课程。劳动周课程是耕读教育核心课程。耕读大学堂组织编写适应大中小学生的劳动周课本《乡村耕读教育劳动周课程手册》，深刻理

解和发掘五峰耕读文化资源、红色文化资源、茶文化资源、中草药国医文化资源、非遗民俗民族文化资源、自然生态资源的教育价值，并遵循其教育本质属性、规律和课程化特性，形成了耕读大学堂六大核心课程，并构建了课程基地与空间、课程方案与教材、课程师资与评价整体教育创新践行体系，为耕读教育奠定了坚实基础。在全县试点基础上，进一步完善劳动周课程方案，在更大范围开展耕读教育劳动周。

耕读大学堂专业化的建设和运营管理，能全面促进五峰乡村治理和建设，以良好的耕读教育环境吸引都市大中小学生，通过一个个乡村微学堂载体，吃在乡村，住在乡村，研学在乡村，劳动在乡村，将乡村转化为最好的学堂和成长空间（图16-1）。

图 16-1　耕读大学堂

四、构建"课题＋教研＋实践"耕读大学堂工作推进模式

为推进耕读大学堂建设，一是开展课题研究。在教育部教育发展研究中心和湖北省教育科学研究院，分别以"中小学实践教育指导体系研究"和"新时代乡村耕读教育模式创新实践研究——以五峰乡村耕读教育大学堂为例"立项课题，县教育局局长担任课题组长，以课题研究促进项目建设和课程建设。二是开展教学研究。确定围绕耕读教育若干研究专题进行教育教学研究，切实解决耕读教育中存在的问题，努力提高耕读教育质量。三是开展实践教育。各级各类学校要扎实开展耕读教育，组织学生到山里去，到农村去，到农田里，乡村变学校，农田成课堂，农民是教师，注重学生实践体验，确保耕读教育成效。

五、促进"五峰＋武汉＋全国"耕读大学堂优质资源共享

耕读大学堂的建成可以承载三大核心使命，并由此产生裂变效应和影响，可

以大力推动五峰新时期城乡融合发展和五峰品牌塑造。

一是耕读大学堂能成为五峰各级各类学生开展劳动教育、研学实践教育、综合实践活动的教育平台和创新方式,突出县情乡情教育,彰显民族山乡教育特色,达到文化育人、教育振兴的战略目的。

二是耕读大学堂能成为引流大中小学生走进五峰开展乡村耕读教育、研学实践教育的驱动器。近几年,按省政府要求,武汉市对口帮扶五峰县,武汉有近300万大中小学生,开展耕读教育,数以万计的学生走进三峡茶乡,乃至由大中小学教育延展到成年人的全域教育或全域旅游的兴起,能形成五峰工作的新亮点,塑造五峰工作的新品牌。

三是耕读大学堂能够通过专业教育公司运作吸引全国大中小学生,通过"小手牵大手",将更大范围的人流引入自然社会资源点、引入乡村、引入农家,形成全国共享耕读大学堂优质资源的大格局。

耕读教育是乡村振兴的灵魂,开展耕读教育,不仅可以让我们在精神上找到回家的路,还可以为乡村振兴带来人气与人才、资源与市场、自信与文化。建设耕读大学堂,是五峰在新时代以教育为突破口、统筹城乡发展的战略选择,我们将以新发展理念为统领,坚持推进高质量发展,让耕读大学堂成为城乡融合发展、乡村振兴的重要引擎。